JN113965

一歩先の
体に
なる

ケトルベル
アドバンス

Kettlebell Advance

SFGケトルベル認定インストラクー
松下タイケイ
Taikei Matsushita

日貿出版社

はじめに

　前著『ケトルベル マニュアル』（日貿出版社）を出版した際、ケトルベルを正しく使ってほしい、怪我せずにトレーニングしてほしいという思いから執筆しました。男性なら 16kg、女性なら 8〜12kg のケトルベルを使ってトレーニングし、効果を感じてもらい、そして怪我をしないことに重きを置きました。

　ただ、強くなることにはその先があって、男性で 32kg 以上を、女性で 16kg や 20kg を挙げる段階もありますし、さらに怪物のような強さを身につける人々もいます。前著は初心者や中級者向けであって、さらなる上級者へと導く方法はまだ十分に示せていないのです。

　もちろん、とにかく高重量が挙がればよいというわけではありません。40kg や 48kg の高重量のケトルベルが挙がるというのは、下手をすると「一時的な栄光」と「永続的な苦痛」のトレードオフになりかねないからです。

　「皆さんに強くなってもらいたい」というトレーナーとしての願望には、「より健全な身体を作りながら」という但し書きがつきます。

　扱う重量が大きくなれば、身体に加わる負荷も大きくなり、それを適切に処理するための身体の使い方も巧妙にならなくてはいけません。強くなるためのトレーニングで、生涯にわたるようなダメージを身体に与えてしまうことは、だれも望まないのではないでしょうか。

　ただ、「どうすれば健全な身体を作りながら強くなれるか」という方法について、マニュアル化することは大変難しい問題です。

　どんなスポーツにもマニュアルがあり、ケトルベルも手順通りに適切に行えば、各種目を一通りできるようになります。マニュアルは、初心者から中級者に向けて実力を積み上げていくために、とても重要なものです。前著『ケトルベル マニュアル』がカバーするのは、この範囲でした。

　しかし、さらに上級者を目指そうとする場合、マニュアルに収まらない、正しいスキル形成が必要となります。「脱マニュアル」の段階といえるかもしれません。というのも、ケトルベルは「24kg のケトルベルを何回挙げられれば、32kg が何回挙げられるようになる」という考え方が通じないから

です。同じ重量を同じ回数挙げられても、誰もが上の重量をスムーズに挙げられるとは限らず、挙がる人と挙がらない人が出てくるのが現実です。

　ケトルベルは重くなるにつれ、直径も大きくなり、重心の位置も変化します。重量が一段階上がるだけでも、別物を扱っている感覚になるほどです。こうした特徴が難しさであり、またおもしろさであるともいえますが、トレーニングする人は、力尽くでない正しい身体の使い方をしているか、スキルが身についているかと、絶えずケトルベルに問われているようです。

　上達に重要なスキルをどのように身につけていくのか、本書では様々な角度からヒントを提示していくことにします。

　最近、ケトルベルのスイングの出力を、ワット数で測定できるデバイスとアプリを取り入れて、フォームのさらなる究明と改善に活用しています。

　今や送料含め300ドルほどの機器とスマホアプリで、以前なら専門家がしていたような研究の真似事を自宅でできるのです。これを使わない手はないでしょう。

　他にも、呼吸と腹腔圧に関連するトレーニングセミナーを国内で受講し、横隔膜や腹筋群そして脊柱の仕組みについて習得し、少しずつトレーニングに取り入れるようになりました。

　そうして得られた経験、学んできた知識から、メリットとデメリットを考えて取り組んで得られた指針を、皆さんに提供できればと思います。

　私自身、過去に少し誤った身体の使い方や無理なトレーニングをしたことで、時間を余計に費やした、と振り返ることがあります。

　生徒への指導の際にも、もう少し配慮できることもあったのではないかと、後になって気がつくことがあります。

　私のこれまでの経験と10年以上の指導を通じて、ようやく本物の兆しが見え隠れしてきたように思えます。その見え隠れしているものの、ほんの一部でも本書でお伝えできればと思います。是非ともお役立てください。

安全対策と注意点

トレーニングスペースの確保

半径2メートルの安全圏

　自分の半径2メートル程度の範囲にケトルベルが落下することを想定して、スペースを確保してください。

　前方左右30度2メートル、後方左右30度2メートルの範囲は、とくに注意が必要なエリアです。自信のあるなしではなく、ケトルベルが落ちることを想定して備えることが重要です。ですから、動作を始めるまえに、必ず周囲の人や物の存在を把握してください。

　とくにお子さんやペットに注意してください。不意に予想外な行動をすることがあります。誤って人にぶつかれば、最も軽い4kgのケトルベルであっても大怪我をさせることになり、必ず責任が生じます。

　不慣れな重量を扱うとき、異なる重量を連続で使用するとき、疲労でグリップ力が低下しているときなどは、手からケトルベルが落下しやすく、とくに注意が必要です。

　自信がない重量や種目を行う場合は、屋外で行うこともおすすめします。

　また、室内で行う場合は階下への振動も考慮しましょう。私が過去に使っていたスタジオの階下は歯医者さんでしたが、もし備えをせずにケトルベルを落下させていたら、どのような影響を及ぼしていたか知れません。

硬い床で行うこと

　ケトルベル種目は、すべて平らな床や地面で行います。板の間や、パワーリフティングのプラットフォームなど、硬い床で行うことを推奨します。

　もし硬い床がない場合、ホームセンターで板を購入して敷きましょう。私は45cm×91cmの板の上でトレーニングしています（価格も2000円しなかったと記憶しています）。

ペアドリルでの注意点

　本書では、パートナーと組んで行う「ペアドリル」を解説しています。その際、パートナーにケトルベルをぶつけることのないよう、距離や位置関係を確認してください。

　また、複数のペアが同時にドリルを行う場合、ケトルベルを振る方向に、他のペアがいないように確認してください。床に寝ている人は飛来したケトルベルから逃れることはできません。

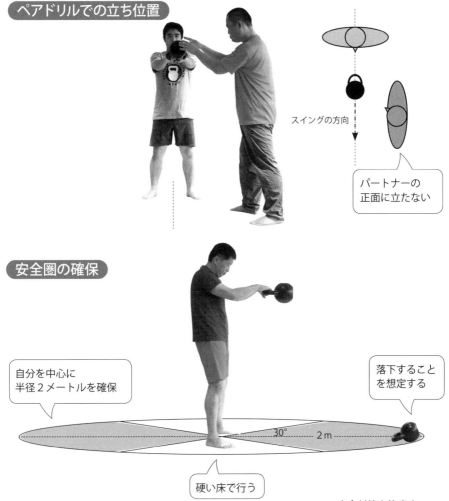

ペアドリルでの立ち位置

スイングの方向

パートナーの
正面に立たない

安全圏の確保

自分を中心に
半径2メートルを確保

落下すること
を想定する

30° 　2 m

硬い床で行う

服装について

素足など、足裏の感触を得られる状態で行う

つま先と踵の高低差が大きい靴や、クッション性が高い靴は厳禁です。

たとえば、バスケット・シューズ、ランニング・シューズでは、踵が高く、クッション性の高いソールが流行っていますが、ケトルベルを扱う際には使用しないでください。

ケトルベル・トレーニングでは、踵からつま先へ重心が頻繁に移動しますので、クッション性の高い靴では重心が定まりません。パワー出力が減るだけでなく、トレーニング中にバランスを崩す危険があります。

なお、本書では足裏の感触をできるだけ生かすために、基本的に素足で行うことを推奨します。

屋外や素足禁止の施設で行う場合でも、できるだけ素足の感覚に近い靴を着用することが望ましいです。

推奨する履き物
ベアーフット・ランニング用の靴　／　レスリング・シューズ　／
リフティング・シューズ　／　ビーチサンダル　など

アクセサリは外す

指輪やブレスレット、時計などを付けたままトレーニングを行うと、引っかかって怪我をする恐れがあります。

また、ケトルベルを挙上した際などに、球体部分が前腕に押しつけられることになりますので、手首にアクセサリを付けているとそれが邪魔をして、ケトルベルの重心の位置に対する感覚を鈍らせます。

手首のアクセサリは必ず外してください。

イヤホンやヘッドホンなど、有線・ワイヤレスを問わず、集中の妨げになるものは、ケトルベルを扱う際には外してください。

裾や袖が邪魔にならない服装で行う

動きの邪魔になって身体の感覚を鈍らせる服装はお勧めしません。

とくに、和服やスカート、股下にゆとりのあるヨガパンツのように、股の間にケトルベルが通る空間が確保できないものは厳禁です。そうでなければ、多少ゆったりした服装でもとくに問題はありません。不自由なく走れる服装かどうかを目安に判断してください。

また、**硬い素材のズボンはお勧めしません**。ケトルベルを脚の間へ通す際に手首とズボン素材の摩擦で皮の剥離や出血が発生することがあります。

カーゴパンツや工事現場で履くようなパンツ、ミリタリーパンツは要注意です。

筆者は、丈夫でストレッチ性のある 5.11 Tactical 社のミリタリーパンツを履いて練習しています。リップストップ生地のミリタリーパンツは、丈夫ではありますが、摩擦が大きいので推奨しません。

トレーニング中の自己管理

ケトルベルを床に置く際にも気を抜かない

　ケトルベルを床に置く際には、背筋を伸ばしたまま、ケトルベルを一度軽く後ろに振ってから前に静かに置きます。

　気を緩めた状態でケトルベルを床へ置くと、身体を傷める原因になります。

　たとえば、背中を曲げて下を向いた姿勢で、ケトルベルを床に下ろす動作は、腰や背中に負担をかけます。

　床に下ろす時間は一瞬ですが、それが積み重なれば疲労を蓄積させ、筋肉を硬くしてしまいます。持続的な筋肉の痛みや、ぎっくり腰を招く原因になりかねません。

　腹腔圧（52 ページ参照）を維持したままケトルベルを置くことで、腰の故障の予防になります。

心拍数を上げすぎない

　心拍数を危険域に上昇させないためにも、次のセットを行うまでに心拍数を落ち着かせましょう。会話できる程度、トレーニング記録を正常に書くことができる程度の心拍数まで落とすのがよいでしょう。

　疲労困憊でトレーニングすることは、安全のためにも健康のためにも良くありませんので、このルールを守ってください。

正しい判断を

　スポーツもトレーニングも、ひとたび器具を手にした時点で正しい判断が求められます。これを必ず遵守しましょう。

　なお、本書をお読みになった内容で発生した怪我、破損事故、死亡事故について著者ならびに出版社・関係者共々責任を負いかねますのでご承知おきをお願いします。

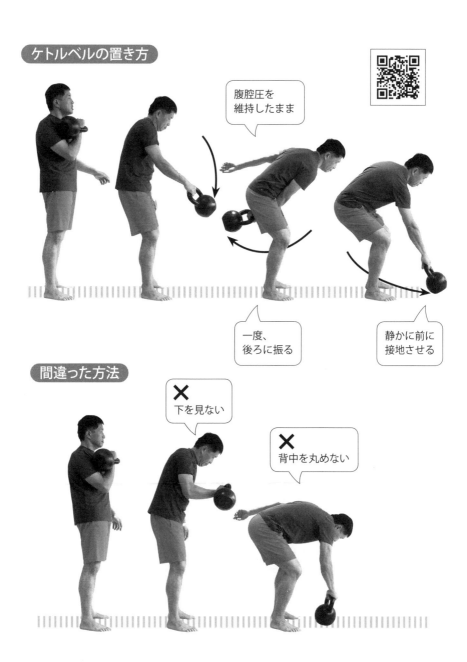

腹腔圧を
維持したまま

一度、
後ろに振る

静かに前に
接地させる

間違った方法

✕
下を見ない

✕
背中を丸めない

一歩先の体になる

『ケトルベル アドバンス』目次

はじめに　　　　　　　　　　　　　　　　　　2

安全対策と注意点　　　　　　　　　　　　4
トレーニングスペースの確保　　　　　　　4
服装について　　　　　　　　　　　　　　6
トレーニング中の自己管理　　　　　　　　8

Part.1　より高みへと進むための指針　　15

1. なぜケトルベルなのか？　　　　　　16
トレーニングの原点にあるもの　　　　　16
ケトルベルは、次のステージへの移行を助ける　18
全員が体力をつけなければならない　　　20

2. 健全に強くなるための指針　　　　　22
身体の仕組みを知ること　　　　　　　　22
脊柱とその周辺の筋肉に負担をかけないこと　24
左右差が改善されること　　　　　　　　26
できるだけ頻繁に、できるだけ疲れずに　30

3. 身体の潜在能力を引き出す　　　　　32
脳と身体のフィードバックを知る　　　　32
運動単位を増やす　　　　　　　　　　　36
感覚受容体と対話する　　　　　　　　　40
潜在意識を教育する　　　　　　　　　　43
潜在意識を意識で邪魔しない　　　　　　46
キューイングとドリルを用いる　　　　　49
　　　Column　キューイングとドリル　51

4. 腹腔圧を高める呼吸法　　　　　　　52
パワー呼吸から一歩進める　　　　　　　52
呼吸の仕組みと腹腔圧　　　　　　　　　54

呼吸と運動   56
腹腔圧を高める呼吸法   58
体幹が強くなると、パワーが出るのはなぜか？ 60

Part.2　スイング ver2.0　　　　63

1. スイング・リブート！   64
単純ゆえの奥深さ   64
セットアップ＆ウェッジ   66
バックスイング   74
踏み込み   76
スイングに腹腔圧を利用する   80

    COLUMN　腹腔圧の左右不均衡 85

スイングと梃子の原理   86
ワンアーム・スイング   90
ダブル・スイング   92

2. 2段式スイング   98
カブーンスイング！   98
ゴブレット・スクワット   100
2段式スイングの実施法   102

    COLUMN　ヒンジとスクワット 108

3. スイングのペアドリル   110
テンションを高めるペアドリル   112
リラックスドリル   116
オーバースピード・エキセントリック   118

4. よりよいスイングとは？   120
パワーのあるスイングの感触   120
スイングが効いているバロメータ   124
回数と効果について   126

Part.3　ミリタリープレス ver2.0　

1.　安定したミリタリープレスへ　128
安定性と再現性の追求　128
グリップの確認　132

Column　グリッパーとハンドルの握りの関係？　132
クリーン　134
ラックポジション　138
挙げる　140

Column　人は手を挙げることを求めている？　147
ダブル・ミリタリープレス　148

2.　ミリタリープレスの「グルーヴ」　153
グルーヴとは何か？　153
レバレッジ（梃子）のグルーヴを感じる　154
アクティブ・ネガティブでグルーヴを習得する　156

3.　ミリタリープレスのドリル　158
パーシャル・プレス　158
ブレッツェル・ストレッチ　160
生後3ヵ月の腹臥位　161
姿勢改善ドリル　162
ゴムバンドで僧帽筋を刺激するドリル　163
四つん這いで僧帽筋を刺激するドリル　164
手の感触を活性化するドリル　168
エルボードリル　170
ラックポジションのケトルベルへ圧力をかける　171
ダウンワードドッグ　172

Column　空いた時間に床を使おう　173

4.　肩の可動域のチェック＆ケア　174
肩の可動域を知ろう　174
肩のメンテナンス　176

Part.4　強く健全な身体作りのために　　181

1. ボトムアップ・シリーズ　　182
刺激的な逆さま体験　　182
ボトムアップ・クリーン　　184
ボトムアップ・ウォーク　　188
ボトムアップ・スクワット　　190
ハーフ・ニーリング姿勢でのボトムアップ　　194
ボトムアップ・プレス　　196
ボトムアップ・ゲットアップ　　202

2. パーシャル・ゲットアップ　　204
部分的（パーシャル）でも効果的　　204
肘へのゲットアップ　　206
肘へのゲットアップからスイープ　　212
ハーフ・ゲットアップ　　214
ハーフ・ゲットアップから片膝立ち　　216
ハーフ・ゲットアップのバリエーション　　219
ニーリング・ウィンドミル　　220

3. ウィンドミル　　224
頭上の高重量に慣れる　　224
ウィンドミルの基本動作　　226
ロー・ウィンドミル　　232
ダブル・ウィンドミル　　234

4. スナッチ　　238
基本種目の集大成　　238
スナッチの基本動作　　240
完璧なフォームを続けるために　　242
フロント・スナッチ　　248
ダブル・ハイプル　　250
ダブル・スナッチ　　252

Part.5 　トレーニングメニュー　

1. 健全なトレーニングのために 　256
　3つのエネルギーシステム 　257
　疲労を溜めないための指針 　262

2. 持久力トレーニングのメニュー 　**266**
　スイングの「オン・ザ・ミニット」 　266
　スナッチの「オン・ザ・ミニット」 　272

3. パワー・トレーニングのメニュー 　**276**
　ミクロ・サイクルとメソ・サイクルの例 　278
　マクロ・サイクルと LDTE 　280

4. 生活に合わせる意識改善 　**282**
　生活とトレーニングは切り離せない 　282
　OODA ループ 　283
　GTG（Grease the Groove） 　288

5. トレーニングと食事 　**294**
　エネルギーとホルモンバランス 　295
　トレーニングと食事のタイミング 　297

おわりに 　302

- -

本書の動画について

本書では、より読者の理解を助けるために、携帯電話、スマートフォンなどで再生できるQRコードを掲載しています。動画はすべてYouTube（http://www.youtube.com）の動画配信サービスを利用して行われています。視聴については著作権者・出版社・YouTubeの規定の変更などにより、予告なく中止になることがあることを予めご了承ください。

※QRコードは（株）デンソーウェーブの登録商標です。

Part.1
より高みへと
進むための指針

なぜ、ケトルベルは他では得られない成果を
身体にもたらすのか？
もちろんそれは『ロシアの神秘』ではない。
皮膚の下で起きていることを知れば知るほど、
ケトルベルの深みや、長く使われ続けてきた
理由がわかるはずだ。
　1歩先に進むための指針を共有したい。

1 なぜケトルベルなのか？

トレーニングの原点にあるもの

力を鍛えることは不自然なこと？

　自然界での筋肉の主な役割は、スピードを出すことと、姿勢を維持することです。大きな力を発揮する機会は、実はあまりありません。

　たとえば、肉食動物から襲われた草食動物が最初にする行動は逃げることです。追うにも逃げるにも、必要なのはスピードです。

　人間も誰かに襲撃されれば、まず逃げ出します。その際に身の回りの物を投げつけて、襲撃者を遠ざけようとするかもしれません。逃げるという行為も、物を投げるという行為も、優先されるのは力よりスピードです。

　追い詰められて戦わざるをえなくなったとき、格闘技のトレーニングをしたことがない人は手足を振り回すような攻撃しかできないでしょう。攻撃に力を乗せることができずに、叩くような動作になります。

　それも通じずに相手と組み合ったときに、ようやく力を使う場面になります。人間を含めた動物は、力よりもスピードを出すことを優先した動きを自然に行い、身体もスピードを出すための構造になっています。

　つまり、筋肉を鍛えて力を強くすることは、動物にとって本来は不自然なことであり、それゆえに困難なことなのです。

力を鍛える原点

　では、人間が力を鍛えるという行為は、どこに原点があるのか？　それは「地面から手で物を拾い上げる動作」にあるのではないかと考えています。

　まず、手のない四足動物はその行為が行えません。また、サルは手で物を持つことができますが、枝や小石のようなごく軽い物を持つことはあっても、あえて重い物を持ち上げるという行為は、人間以外の動物にはほとんど見られないように思われます。

人間は直立するために、下半身で上半身を持ち上げる必要があります。しゃがんだ状態から立ち上がるには、膝と股関節を進展させるヒンジ動作を自然に行うことになります。

　ですから、「地面から物を拾い上げる」という動作は、直立するための身体構造を持つ人間にとって自然に行える行動であり、特別に身体を鍛えていなくても、普通の大人なら10kg程度の物を持ち上げることができます（2リットルのペットボトルを段ボールでまとめ買いすると、一箱には6本入っているので、重さは12kgになります）。

　ヒンジ動作で重い物を地面から拾い上げる動きに必要なのは、スピードよりも力です。トレーニングでいえばデッドリフトです。そのデッドリフトに、スピードや勢いという要素を加えたのが、ケトルベルのスイングです。

ケトルベルは、次のステージへの移行を助ける

　ケトルベルは、人間が力を鍛えることの原点に根ざしているからこそ、一般の人からプロの競技者まで、様々な立場で活用することができます。

　私がケトルベル・トレーニングを推奨する理由のひとつが、どのような段階にある人にも有効であり、次のステージへの移行を助けてくれることにあります。

　下の図は、スポーツに参加する人々を、競技スキルとパワーの必要性という観点で、4つのステージに分けています。左から右にいくにつれて競技スキルが必要となり、下から上になるにつれて力やパワーが必要となるステージにあることを表しています。

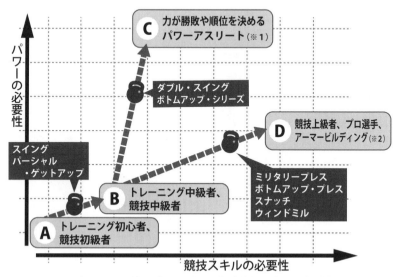

※1：パワーアスリート……パワーリフター、重量挙げ選手、パワー系陸上競技など。
※2：アーマービルディング……コンタクトスポーツでの耐久性を高める目的で筋肉をつけること。

初心者から中級者への橋渡し

　図中Aは競技やトレーニングの初心者です。各競技における基本の部分（競技ルールや基本スキル、チームスポーツであればチーム連携）を学び、習得する段階であり、ひとまず力やパワーを身につけることは優先されません。

　基本が身につくと、試合や大会に勝つことを目的とした図中Bの中級者へ少しずつ移行するために、筋力や持久力を必要とするようになります。

　この際に、パワーや持久力を鍛える基礎的なトレーニングとしてケトルベルを使うと効果的です。この段階のトレーニングには、ぜひ前著『ケトルベル マニュアル』を参照していただきたいと思います。

中級者からアスリートへの橋渡し

　ルールや基本スキルを身につけた中級者Bは、競技特性によって大きく2つのステージに分岐します。

　図中Cは、パワーが勝敗や順位を決めるパワーアスリートです。ある程度の競技スキルの向上も必要ですが、その5～10倍もパワーの向上が求められます。ケトルベルもパワーの向上や体幹の強化に役立つ種目が中心となります。

　図中Dは、競技スキルが物を言うタイプのアスリートです。ケトルベルの種目も、パワーよりも瞬発力や持久力の向上を狙えるものを取り入れると効果的です。コンタクトスポーツのように鎧としての筋肉を身につける場合も、瞬発力を損なわずに筋肉をつける必要がありますので、Dに含まれます。

　AからCのどの立場にあっても、ケトルベルの基本種目（スイングやパーシャル・ゲットアップなど）やトレーニング量は基本的に同じです。CやDに移行を考える場合、基本種目に加えて、目指す方向性に合わせた種目を優先的に活用していくことになるでしょう。

　つまり、競技別にまったく別のプログラムを組むのではなく、ケトルベル種目を行う時間的あるいは強度的な比率が変わると考えてください。

全員が体力をつけなければならない

人生 100 年時代にも筋力は必要

　自分の子どもや孫、親戚の子どもが助走をつけて抱きついてきたら、あなたは受け止められますか？　身体に相当な衝撃がかかるはずですが「やめてくれ」とはなかなか言えません。愛情に力が必要なのです。

　私たちの身体は、普通に生活していれば、30 代を過ぎれば筋肉量は減少していく傾向にあります。

　しかも、いまや「人生 100 年」とも言われる時代。それにもかかわらず、まだ日本の交通インフラは若年層向けに作られていますから、歳をとるほどに体力が必要になってきます。運転免許を返納した後に、食料品や日用品を買うために、片道 1 km 以上を歩かなければならないかもしれません。

　定年後に自立した生活を送れるかにも、筋力が維持できているかが重要になってくるのです。筋力が落ちれば健康にも影響し、周囲の助けも必要になるでしょう。受ける介助を最小限にしたいと思うならば、自分の身体を鍛えておきたいものです。

頭脳労働と肉体労働

　ジョン・J・レイティの著書『脳を鍛えるには運動しかない！』（NHK 出版）に、アメリカの高校がフィットネス・プログラムを必須にしたところ、数学の世界大会で上位に入る生徒を輩出したという事例が紹介されています。

　運動で使う脳と、仕事に使う脳の境界線はどこにあるのでしょう？　人間の筋肉を支配するのも、頭脳労働も、同じ脳が行っているはずです。

　現在の私の日常は、平日の朝から夕方まで頭脳労働に従事しています。トレーニングや指導をするのは、空いた時間や土日です。

　日々、コンピュータの画面を見ながら、ソフトウェアのプログラムやテスト等をする際には、一度に複数の工程が同時並行して動き、しかもペーパーレスの職場なので、頭の中で多くのことをマッピングしながら管理しなければなりません。それを日常的に体験していると、筋力トレーニングなしでこの業務に携わることはできないと実感しています。

　ほとんど椅子から動くことがない業務でも、トレーニングは必須なのです。

生活における「力のニーズ」

　日々を健康かつ快適に暮らすために求められる体力を、「力のニーズ」と呼ぶことができます。

　たとえば、私の生徒の大半が24kg以下のケトルベルを使っていますから、私が生徒に指導するための「力のニーズ」は、24kgを２つ使ってデモンストレーションできるくらいの力になります。

　他に、私の力のニーズに関わる事柄としては、たとえば次のような項目が上げられます。

・脳を健康に保つために、身体を鍛えることが必要。
・高重量を挙げるには正しい姿勢が必要であり、正しい姿勢を作るには身体を鍛えなければならない。
・逃げる、戦う、障害物を乗り越えるなど、サバイバルスキルのベースとして、鍛えた身体が必要。

　他にも挙げられそうですが、このように、力のニーズと必要なトレーニングの強度は密接な関係にあります。トレーニングをする皆さんにもそれぞれに力のニーズがあり、そのニーズに合致したトレーニングをしているはずです。

　ただでさえ歳をとれば自然に筋力は低下していくもの。ゆえにトレーニングは永続的にやるべきものなのです。

2 健全に強くなるための指針

　健全に強くなるためには、できるだけ身体に負担をかけない方法で、継続してトレーニングをすることが重要です。本書では、その指針として次の要点を挙げます。

・**身体の仕組みを知ること。**
・**脊柱とその周辺の筋肉に負担をかけないこと。**
・**左右差を改善すること。**
・**できるだけ頻繁に、できるだけ疲れずに継続すること。**

身体の仕組みを知ること

　私が初めてケトルベル認定コースを受けた翌年の 2008 年、インストラクターコースレベル 2 を受講した際に、上級インストラクターのマーク・リフキンド氏による座学がありました。そこで、彼がいくつかの筋肉の名前をテキストから読み上げた後に、こう言いました。
「**これらの筋肉を知らない皆さん……**」
　筋肉のことを知らずともやり過ごすコツでもあるのかと、続く言葉に期待していると、
「**……恥を知りなさい**」
　私自身、解剖生理学についてはまだまだ勉強不足ですが、自分の皮膚の下で何が起こっているか、その基礎知識を持つことが、トレーニング成果に直接つながっていることを実感しています。
　トレーニングに関わる解剖生理学の基礎的な知識としては、どの筋肉が働いているのかはもちろんのこと、呼吸の役割とは何か、身体の安定性をどのような仕組みが担っているのか、神経がどのように作用するか、などです。

これらは意識できない領域で行われていることですが、身体の仕組みを知ることで、身体の中で起こっていることをある程度、意識化できます。

　身体の仕組みを知ることで、それに反した不自然な動きでケトルベルを扱わなくなります。

　また、緊張筋（※）と呼ばれる筋肉群に過剰な負荷を与えない挙げ方をするようになります。

　これを「運動感覚の思考」と呼んでもよいでしょう。

　このように、身体の仕組みを知ることは、怪我の防止になるだけでなく、ケトルベルのテクニックへの理解を深めることにもつながります。

　本書では、身体の仕組みについて、トレーニングに役立つ範囲で取り上げていきます。

※緊張筋（Tonic muscle）
　関節を安定させ、姿勢の維持に関わる筋肉群。

　緊張筋の対になるのが相動筋（Phasic muscle）で、関節を動かす筋肉群。

　緊張筋と相動筋は協調して働くが、双方の役割を持つ筋肉もある。

　緊張筋には小さな筋肉も多く、高負荷、高頻度に緊張すると弛緩できずに短縮した状態で硬くなりやすい筋肉がある。

　姿勢悪化に直接的な影響が懸念される筋肉としては、胸筋、胸鎖乳突筋、上部僧帽筋、腰方形筋、梨状筋、腸腰筋などがある。

　たとえば、小胸筋の収縮過多が肩甲骨の位置に悪影響を及ぼすことがある。また、大胸筋の収縮過多はベンチプレスばかりやる人によく見られるマッスルインバランス（筋の不均等）の最たる原因である。ただし、広背筋のように緊張しすぎても弊害のない緊張筋もある。

脊柱とその周辺の筋肉に負担をかけないこと

脊柱の役割

　直立姿勢で行動する人間にとって、脊柱とそれを支える筋肉群は、身体のバランス維持に大きく関わります。

　脊柱は1本の棒ではなくて、33個の椎骨が連なってできている骨格です。

　椎骨同士の間にある椎間板がクッションとなって、脊椎にしなやかさを持たせています。

　また、3つの弯曲を組み合わせた脊柱全体の構造が適度にバネのように働き、重い頭部を支え、かつ移動時の揺れから頭部を守っています。

　こうした脊柱の構造を維持し、また動かしているのが、脊柱起立筋をはじめとした脊柱周辺の筋肉

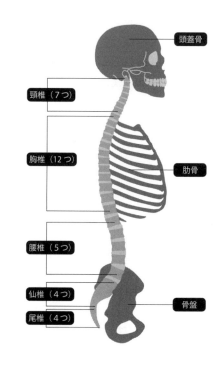

群です。これらの多くが小さな筋肉で、それらが協調して常に身体のバランスをとっています。

　セオドア・ダイモン（Theodore Dimon）氏の著書によると、脊柱起立筋などの脊柱周辺の筋肉は、頭部が前方へ移動する際、前方へ転倒しないようバランスをとるのだそうです。筋肉の伸縮状況を制御する「筋紡錘（35ページ参照）」が後頭部下に多く存在しているのはこのためです。

　つまり、脊柱とその周辺の筋肉は、しなやかさと柔軟性を持って、姿勢を保つための構造をしているのです。

24

脊柱に頼る動きの危険性

　素晴らしい機能を備えている脊柱ですが、その一方で脊柱やその周辺の筋肉群は、繰り返しの高負荷や長期間にわたる負荷に対しては、適応できないことがあります。

　脊柱に大きな負荷がかかることで、椎間板ヘルニアや脊椎変形症になることはよく知られています。瞬間的な高負荷で腰椎周辺の筋肉が断裂してしまうと、ぎっくり腰になります。

　また、高負荷を繰り返し受けたり、継続的に受けたりすると、脊柱周辺の筋肉は緊張したまま硬くなり、脊柱はしなやかさを失います。すると、左右差や歪みの原因になるなど、姿勢に悪影響を及ぼします。

　それだけでなく、繰り返しや継続的な負荷は、コルチゾールなどのストレスホルモン（294ページ参照）の分泌を促すと考えられます。慢性的なストレスホルモンの分泌は、万病の源になりかねません。

　それにもかかわらず、大きな荷物を持ち上げたり、強度の強い運動をしたりする際に、脊柱やその周辺の筋肉に頼った動きをする人は少なくありません。

　高重量のケトルベルを支える、あるいは瞬間的に振り挙げることは、身体に大きな負荷を加えます。それだけに、脊柱やその周辺の筋肉に頼った動きを避けるべきなのです。

　本書では、脊柱とその周辺の筋肉に頼らない方法として、腹腔圧を高め、腹筋群や広背筋などの大きな筋肉で体幹を安定させる方法をトレーニングすることが望ましいと考えています。具体的な方法は、各種目の説明で行いたいと思います。

左右差が改善されること

無理なトレーニングは筋肉の不均衡を招く

　左右差とは柔軟性や可動域の差だけではなく、出力の差もやはり左右差です。これらは当然ながら身体のゆがみ、痛みの原因になります。

　前著でも触れましたが、私自身、若い頃に行った誤った鍛え方によって、身体の不均衡や痛みにずっと悩まされてきました。

　私が初めてウェイトトレーニングに取り組んだのは、14歳のころ。アメリカのアメリカン・フットボールの新人チームに所属していたのですが、そのオフシーズン・トレーニングで、ベンチプレスをしたのが最初でした。当時は、まだ効率的なトレーニング理論が普及しておらず、「押す力はバーベルのベンチプレスで、あとの部位はトレーニング・マシンで鍛えていれば強くなる」という風潮でした。

　今であれば、そのような鍛え方は筋肉の不均衡を招きやすいとわかるのですが、当時は弱い部分をとにかく鍛えるというのが当たり前であり、怪我の防止にもなると考えられていました。

　ところが、怪我防止のためのトレーニングをオフシーズンにした主力選手が、シーズン開始の頃になると次々と怪我をしていく。むしろ、ウェイトトレーニングに注力せずに、別のシーズンスポーツをしていた選手たちの方が怪我なく、アメフトのシーズン開幕から終盤まで継続して試合に出ていたように思います。このような大いに矛盾した現象が実際に起きていました。

痛みのサイクル

　私自身、いろいろと模索しながらウェイトトレーニングを続けていましたが、身体のバランスの悪さをつねに感じていました。それは怪我というほどではないものの、筋肉が収縮したまま硬くなっていて、身体が固まっているというような感覚です。

　背骨やその周辺の筋肉が、その性質上、繰り返しの負荷や継続的な負荷によってしなやかさを失うのは、前述した通りです。背骨周辺の筋肉以外でも、回復する間もなく頻繁に負荷を加え続ければ、緊張して硬くなってしまうことは同じです。

膝や肩の筋肉が硬くなってしまえば、可動域の制限や出力の偏りなどの不均衡の要因となり、膝や肩の痛みを感じるようになるのだろうと思われます。

　また、胸筋、胸鎖乳突筋、上部僧帽筋、腰方形筋、梨状筋、腸腰筋など、姿勢の維持に直接関わり、本来は力を発揮することが主な役割ではない筋肉は、過剰な負荷がかかり続けることで硬くなりやすく、偏った使い方によって、身体の左右差を生む要因になります。

　ただ、実際には利き手、利き足があるなど、身体の構造上、左右差を完全になくすことは難しいものです。だからこそ、できるだけ左右差を広げない、左右差があるならその差を縮めようと意識することが重要になります。

参考：痛みのサイクル

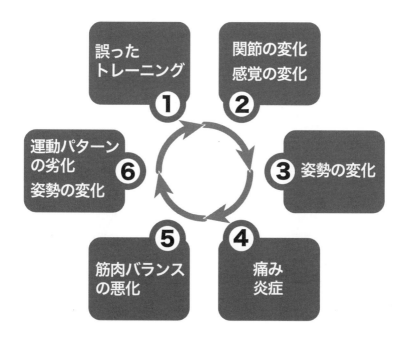

安定した出力を生み出せる身体を目指して

　私が身体の痛みや不均衡の解消につながる糸口を見つけられたのは、ケトルベルと出合ったからです。

　しかし、若い頃に自分の身体に負ったダメージのすべてが完全に抜けたわけではなく、また筋力に極端な左右差があることは、まだ課題として残されています。

　たとえば、ミリタリープレス（130ページ参照）で、右で44kg挙げられたのに、左では36kgしか挙がらない、というように、どの種目をしても右と左とでケトルベルを持つ感触がまるで別人のように違い、右側に比べて左側の動作に自信がないのです。

　また、ケトルベルの種目で難しい重さになると、挙げられたり、挙げられなかったりと結果が不安定になることも、クリアすべき課題でした。

　ケトルベル・インストラクターの実技テストでは、体重の約半分の重量のケトルベルを無反動で挙げることが求められます。私の場合、40kgもしくは44kgのケトルベルを1回挙げることになるのですが、毎回違う結果が出るのです。

　ひたすら筋肉を鍛えればよいという理論なら、一度挙がった重量はその後も挙げられるはずです。しかし、私が体験したように、高重量になるとなぜか記録が不安定になります。

　こうした現象は、オリンピックに出るような世界最高クラスの選手でも、大会で個人記録に届かない人がいるように、誰にでも起きることなのかもしれません。

左右差はある。ならばどうするか？

　自身の左右差の解決のために、これまで私は様々な方法を書籍や映像で習得し、また認定コース等でも様々な情報を得て身に付けてきました。加えて、トレーニングを通して解剖生理学の知識にも接してきました。

　こうした学びの中で得られたのは、**人間の左右差が完全に解消されることはない**、ということです。人間が成長していく過程で左右差は必ず生まれるからであり、また**左右差とは動的なもの**だからです。

　たとえば、利き腕とそうでない腕では、力の差だけでなく、動きの良さや感覚の鋭さに違いがあるのは、誰でも実感されているのではないでしょうか。

　右と左とで力の差がある＝筋肉量の差と考えがちですが、出力の差を生む要素はそれだけではありません。

　運動に動員される筋肉量や神経の働き、筋肉が許容する出力や伸展の度合いなど、力の左右差に影響する要素はたくさんあります（詳しくは次節）。

　つまり、筋肉の絶対量よりも、そのうちどのくらいの割合で力を発揮しているのか、筋肉がどれだけ収縮と伸展ができるかが、発揮される力に関係しているようなのです。

　利き腕とそうでない腕では、使用頻度が違えば、力を発揮した経験値も違います。よく動かす側の方が、可動域も出力もよいはずです。

　こうした背景を考えると、人間にとって左右差は必然であるといえます。

　ですから、それを踏まえた上で「ならばどうするか？」を講じるべきであることになります。

　つまり、「すでに持っている左右差を拡大させないこと」「左右差が大きければできるだけ小さくすること」を、トレーニングの中に取り入れることが求められるのです。それが、常に安定した力を生み出すことにも、身体に負担をかけないことにもつながるはずです。

　本書では、脊柱に負担をかけない方法、左右差が改善される方法も含めて、より高度なレベルの身体作りに向けての私の考えを解説していきたいと思います。

できるだけ頻繁に、できるだけ疲れずに

常に湯を沸かすごとく

「エネルギーは、時間が経過するにつれて周囲のレベルまで帰着する」

これは熱力学第二法則として知られる自然現象です。

たとえば、沸騰したお湯は、一晩もあれば室温に近い温度まで下がり、再び熱を加えないかぎり、勝手に再沸騰することはありません。沸騰時に水に蓄えられた熱エネルギーは、部屋の空気に吸収され、散ってしまうからです。

これは熱力学の話ですが、私たちの身体にも同じことがいえるのではないかと思います。

一時的に集中して身体を鍛えたとしても、その後の生活がぬるま湯であれば、筋力も筋量も低下します。トレーニング中に必要な力を100、日常生活や仕事で必要な力が80とすれば、トレーニングをしない生活になれば筋力や筋肉は落ち始めて、やがて80の周辺のレベルに落ち着くでしょう。

競技選手が試合や大会に向けてピーキングし、目標が果たされたあとは自然な身体の状態に戻っていくというのも、その一例といえます。

ある一定の筋肉や筋力を維持したいと思うなら、常に湯を沸かすがごとく、トレーニングしていかなければならないのです。

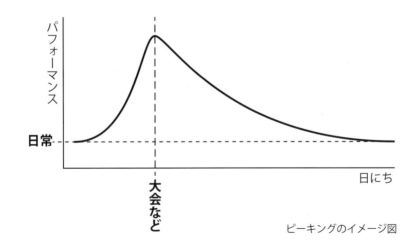

ピーキングのイメージ図

健全に継続する秘訣

トレーニングを健全に継続する秘訣は、「できるだけ頻繁に、できるだけ疲れずに」です。

本書では次のような方法を提案しています。

・同じ種目、同じ重量でも、バリエーション豊かに！

重量や回数をただ増やしていくよりも、フォームに微調整をしたバリエーションを増やして、多くのパターンの身体の使い方を体験することをお勧めします。次節に詳しく説明しています。

・メニューやプログラムで工夫をする！

メニューやプログラムを工夫することで、GTG法（288ページ参照）のように1日通して数セット行うことも、週5〜6日トレーニングすることも可能になります。

また、短期的、長期的なトレーニング計画を立てることも提案しています。その際に、運動の強度を直線的に上げていくのではなく、波線を描いて結果的に成長できるようにすることが、無理なく、壁を突破できるポイントと考えています。

トレーニングメニューに関しては、Part.5 に具体例を挙げながら説明したいと思います。

3 身体の潜在能力を引き出す

脳と身体のフィードバックを知る

　先に述べたように、私たちの皮膚の下で起きていることへの理解を深めることは、強くなることとつながっています。ここでは、スイングを繰り返すことによって出せる力が強くなる仕組みについて、生理学的な観点から考えてみましょう。

　強い力を出せるようになる仕組みとしては、筋繊維の破壊と再生にともなって起きる筋肥大を思い浮かべる人は多いかと思いますが、実はそれ以外の仕組みがあります。それは、脳と身体のフィードバック機能が関連して起きる、使用される運動単位の増加です。

　私たちが身体を動かす際、感覚器と脳と筋肉は、互いに情報をやりとりしながら、身体のバランスが崩れないように制御されています。

　ケトルベルのスイングの最中であれば、地面を捉える足裏、ハンドルを持つ手、全身の筋肉にある感覚器から送られる情報に対し、脳は体中の筋肉にどれだけの長さに縮むのかの指令を瞬時に出しています。

　そして、ケトルベルに乗った勢いが想定を上回る場合、筋肉や腱から「もっと力を要する」という情報が、脳にフィードバックされます。すると、脳はさらに筋肉を収縮させるように指令を出すか、まだ動員されていない筋肉に指令を出して、より強い力を発揮してケトルベルを制御しようとします。

　これを何度も反復すると、使われていなかった運動単位（運動ニューロン※と筋繊維）をうまく使うようになり、結果として出力が増強されていくものと考えられます。

　この仕組みの中には、次に紹介する「筋紡錘」と「ゴルジ腱」が関与しています。

※脳からの指示を伝える細胞（骨格筋を支配する神経細胞）

ゴルジ腱

　筋肉には、100％の収縮をすると骨格を破壊してしまうほどの力があります。雷に打たれたり、高圧電流に感電したりした人の中には、筋肉が収縮しきったせいで骨折する人がいるそうです。

　ですから、身体には、筋肉の出力を保守的に制限して、必要以上に力を出さないようにする機能が備わっているのです。

　たとえば、固く閉まった瓶のふたを開けようとして、「開かない！」と必死にもがいているとき、「これ以上出力すると身体が壊れる！」と複数箇所の筋肉が連呼している、というようなイメージをしてみてください。

　このように筋出力の制御に関わっているのが、ゴルジ腱です。

　ゴルジ腱は、主に腱に埋め込まれていて、ある程度の筋肉収縮を察知すると、神経を通じて脳へ「これ以上収縮するな」という情報を伝えるのです。

　脳は筋肉に対して、縮むか、縮まないかの指令しか出しません。そこでゴルジ腱には許容出力の設定と、状況を把握する役割が与えられているというわけです。

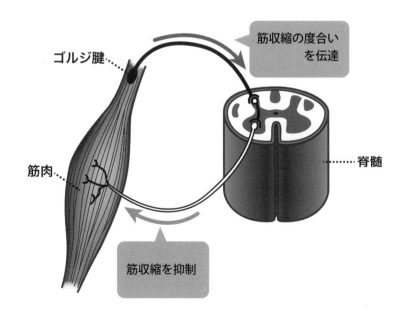

ゴルジ腱
筋肉
筋収縮の度合い
を伝達
脊髄
筋収縮を抑制

ゴルジ腱が関与していると思われる現象に、次のようなものもあります。

A）体幹が弱いため、腕や脚の力が発揮できない

土台である体幹の許容出力が低いと、腕や脚が大きな出力を発揮したときに、身体がバランスを崩してしまいます。そのため、体幹の許容出力が低い場合、腕や脚の出力を潜在意識によって控えると考えられます（60 ページ参照）。

B）躊躇なく飛び降りられる高さは、徐々に上げることができる

経験がなければ、2 メートルの高さから飛び降りることに躊躇します。着地の際にどれくらいのインパクトを身体が受けるのかわからないためです。50 センチくらいの高さから段階的に上げていくことで、受け止められるインパクトを脳やゴルジ腱が学習し、躊躇なく飛び降りられる高さを徐々に上げていくことができると考えられます。

C）ローキックを何度も受けたキックボクサーが立ち上がれなくなる

ローキック（足部への低い蹴り）を何度も受けると大腿部の筋肉が硬直します。すると、それ以上の収縮をゴルジ腱が許さず、出力を止めるよう脳にフィードバックを送るため、筋肉が緩んで立ち上がれなくなると考えられます。

D）いわゆる火事場の馬鹿力

子どもを助けるために、普段では動かせないようなものを母親が動かすというような、いわゆる「火事場の馬鹿力」。これは、脳がゴルジ腱の許容出力を無視して、普段は制限されて使われてなかった運動単位を動員させた結果であると考えられます。

筋紡錘

　筋肉の伸展の度合いを感じ取り、伸びすぎを制限しているのが、筋紡錘です。これは筋肉内部の筋線維と平行して存在しています。

　筋紡錘は、筋肉が限界を越えて伸びようとすると、脳へ「これ以上伸びるな」という情報を伝えます。すると、脳からのフィードバックが行われ、伸展を停止するために収縮が始まります。これを「伸張反射」と呼びます。

　たとえば、開脚ストレッチなどで強制的に脚を開かされると、かえって内ももの筋肉が収縮して固くなることがあります。

　また、後頭部下の筋肉にはとくに多くの筋紡錘があると言われ、背骨の伸縮の管理に大きく関わっています。後頭部を手で引いて首の後ろ側をストレッチすることがありますが、これを過度に行うと筋紡錘を刺激して、かえって首周辺の筋肉を緊張させてしまうことがあります。

　こうした機能を通じて、筋紡錘は姿勢の維持に関与しており、日常でも競技でも、動きに応じて筋肉の伸縮の具合を制御し、必要な情報を脳へ伝えているのです。

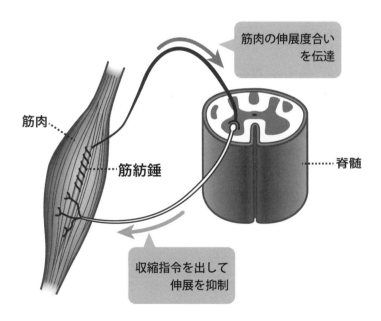

筋肉の伸展度合い
を伝達

筋肉

筋紡錘

脊髄

収縮指令を出して
伸展を抑制

運動単位を増やす

筋肉の許容出力と許容範囲の更新

　このように、ゴルジ腱と筋紡錘が深く関与して、私たちの身体は潜在意識のレベルで、状況にあわせて適切に制御されています。ただ、この潜在意識による制御は、あくまでも身を守るために保守的に働くので、たとえ強い力を発揮する筋肉を持っていたとしても、それを制限することになります。

　では、こうした制限を超えて、より強い力を発揮するには、どうすればよいのでしょうか。たとえば、現在の筋肉の許容出力が20％に制限されているとして、これが22％に増えたなら、より強い力が発揮できることになります。

　その方法として、パワーリフティングの世界チャンピオンであり、スポーツ科学の博士でもあった、故フレッド・ハットフィールド博士（1942〜2017年）は、ボックスジャンプなどの「プライオメトリックス」と、反動を使った「バリスティックな動作」を挙げています。

　ケトルベルのスイングやスナッチは、反動を使った「バリスティックな動作」の代表格です。

　スイングなどで勢いづいたケトルベルを制御するとき、筋肉の許容出力を一瞬、わずかに越えることがあります。たとえば、許容出力が20％であるところに、22％出さないと抑えられないほどの力がケトルベルから加わり、それをうまく制御できた体験をすることがあるのです。

　そのような体験を、セットの中で数回、数週間で数十回と繰り返すと、その出力では骨格は破壊されないことを脳が理解します。すると、ゴルジ腱に22％の許容出力が再設定されると考えられます。

　ただし、フレッド・ハットフィールド博士は、「反動を使う動作には危険も伴うので、管理された場で行うべきだ」と書いています。

　たとえば、自動車に身体をけん引させて引きずられることでも、筋肉の許容範囲を超える経験になるかもしれませんが、決して健全とはいえません。

　60kgのケトルベルを無理にクリーンしたために、肩に恒久的な障害を抱えた人もいます。

ですから、がむしゃらに反動をつけて動けばよいわけではなく、正しいフォームで、丁寧に、全身に意識を向けてトレーニングを続ける必要があるのではないかと思われます。

運動神経＋筋繊維＝運動単位

　さて、許容出力を超えた力が必要とされるとき、皮膚の下では何が起きているのでしょうか？　当然、筋肉がより強く収縮するわけですが、筋繊維1本1本が強く働いていると同時に、使われていなかった筋繊維も動員されているはずです。

　もちろん、筋繊維が働くときには、脳からの指示を伝える運動神経も働いているはずなので、それらを含む"運動単位"が増えていると、本書では表現したいと思います。

　生理学の専門書であれば、もっと複雑で詳細な解説が必要になるはずですが、ここでは「より強い力が発揮されるとき、より多くの運動単位が動員されている」という理解をしてもらえればよいでしょう。

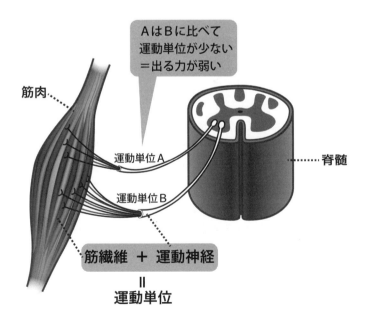

様々に運動単位を働かせる

がむしゃらに筋肥大を目指す以外に、動員される運動単位を増やすことでも強くなれる。これが「健全に強くなる」ために重要な理解です。

では、より多くの運動単位を働かせられるようになるにはどうすればよいのか。そのための有効な方法の1つが、様々な力の発揮の仕方を体験することであると考えています。

たとえば、同じ種目を同じ重量で同じ回数だけを漫然と繰り返すだけでは、働く運動単位はほとんど変わりません。そして、同じ動きを繰り返すほど、身体の使い方は最適化されていき、やがてパターン化されていきます。

それは、私たちの身体に備わる素晴らしい学習能力であるといえますが、パターン化された動きの繰り返しは、刺激の少ないぬるま湯の状況です。動員される運動単位が増えることも、筋肥大もしない、成長が停滞した状況をもたらします。

そこで動作に少しだけ変化を加えてみます。すると、同じ種目でも、違った運動単位が働きます。条件の変化は大きなものでなくても、次のような微妙な調整で十分です。

- ハンドルの握りに強弱や握る位置のバリエーションを持たせる。
- 足幅を変える。
- 腹部のテンションを増減させる。
- 休憩のタイミングで柔軟やリラックス運動を取り入れる、あるいは逆に身体にテンションを与えて疲弊させる。
- フォームを数ミリ単位で変える。（挙げる軌道やタイミングなど）
- 1セットあたりの回数やセット間の休憩時間をランダムに変える。
- 靴を履く、手袋をはめる。（靴や手袋は原則推奨していないが、普段素足や素手で行っている人にとっては新たな刺激になる）
- センシティブな受容体である手のひらや足裏を刺激する。
- 目を閉じる、耳栓をする。（五感の一部を遮断することで、他の感覚を鋭くする）

こうした変化であれば、同じ種目、同じ重量であっても、異なる運動単位

を働かせる経験を身体に積ませることができます。ですから、たとえ16kgのケトルベル1つしか持っていなくても実行できます。

　ただ、いつもの動きに微調整を取り入れようとすると、おそらく違和感があるはずです。いつもの運動単位では対応できず、新しい運動単位を働かせなければいけないことを、身体が感じているからです。

　その違和感を持ちながらも、とにかく実行してみてください。そして、違和感を感じなくなるまで、繰り返しトレーニングを積んでください。

　いつもの重さを数通りの方法で挙がるようになると、自然と次の重量へのチャレンジが視野に入ってくるでしょう。

　なお、後で意識を変えるための方法として、キューイングとドリルの説明をしますが、これらもいつもと異なる運動単位を働かせるための方法の1つです。

競技スキルの繰り返しも並行して行おう！

　ゴルジ腱によって決められている筋肉の許容出力が増えれば、より強い力を発揮できるようになります。しかし、注意すべき点もあります。筋肉の許容出力が更新される以前と以後では、同じ動作をしているつもりでも、異なる結果が出ることがあるのです。

　たとえば、投球のコントロールが悪くなる、格闘技のパンチやキックの軌道がずれる、細かい動作でミスをするなど、競技力が低下したような状態になる可能性があるのです。

　これは、トレーニングによってどこかの筋肉の許容出力が更新されることで、全身のバランスが再調整されるためです。これも潜在意識のレベルで処理されるので、明確に認識されることはありません。

　ですから、繰り返しの筋力トレーニングと並行して、その数倍の競技スキル（野球なら投球スキルや打撃スキルなど）のトレーニングが必要になります。つまり、ケトルベル・トレーニングだけを行っても、競技力が向上することはないのです。必ず競技スキルの訓練も行いましょう。

感覚受容体と対話する

力の見積もり

すでに説明したように、私たちの身体は筋肉や腱に備わっているゴルジ腱と筋紡錘によって、発揮する力の許容量と伸縮関係を制御しています。

筋肉に備わるこれらの受容体の他にも、感覚受容体が皮膚全体に広く分布していて、手のひらと足裏はその代表格です。

脳は、これら感覚受容器から得た入力情報をもとに、どれだけの力を出すのかを、事前に見積もっています。

ただ、事前の見積もりなので、それが実際に必要な力と、ちょうど釣り合うとは限りません。出力が足らなかったり、出し過ぎていたりすれば、身体はバランスを崩さないために、動作の途中で調整をしているはずです。そして、次に同じ状況になったときには、調整済みの出力を参考にして、力を見積もるようなのです。

実際に、ミリタリープレスの出力を計測してみたところ、2回行ったうち、1回目よりも2回目のほうが、出力が小さいことがありました。これは、1回目で加わる荷重が想定よりも軽いと判断し、2回目には出力を控えめにしたと考えられます。

これとは逆の結果が出ることもあります。1回挙げてみて、身体が「これなら大丈夫」と安心すると、2回目はより高い出力を発揮して挙げることがあるのです。

同じ重さであっても、重さの感じ方と、身体の出力の関係は、短期的に変化するというわけです。

当然、日々の疲れや体調によっても、重さに対する感じ方が違い、挙がる回数も変わります。意識が「いつも使っている重量」と認識していても、潜在意識では「いつもとコンディションが違うから、今日は無理」と判断しているのでしょう。

トレーニングにおいては、1セットあたり最低2回は行った方がよく、単発のセットが推奨されないのは、こうした感覚受容体との対話が必要であるためです。1回目で重さを身体に認知させ、2回目でさらに出力を発揮させるのです。

感覚を研ぎ澄ませる

昔のストロングマンは乾布摩擦のように乾いたスポンジで身体を擦ったり、グリッパーを握ったりしてからトレーニングをしました。これは、あらかじめ感覚受容体に刺激を与えておくことで、感覚を研ぎ澄ませて、脳と感覚器の間のフィードバックをよくするためです。

重さを感知する手のひらの機能を高める方法をいくつか紹介します。

・できるだけ素手でケトルベルを握ること

言うまでもなく、直接ハンドルを持ったほうが、手のひらの感覚は鋭くなります。ただし職業によっては、手が荒れることで不都合が生じるでしょうから、その場合は無理せず手袋などを着用してください。

また、初心者は手の皮が破れやすいので、前著で紹介した、靴下を再利用した「トレイシーソックス」や、軍手の指先をカットした「指なし軍手」を利用するとよいでしょう。

・手のひらをとがったもので突く

手のひらをペンなどで突いて刺激してからケトルベル・トレーニングを行うことで、手のひらの受容体が敏感になると思われます。

・軽い握力トレーニングで刺激する

グリッパーなどを使って握る感覚を確認してからケトルベル種目を行います。なおグリッパーは構造上、親指の力を鍛えるようにできていないため、別途親指と人差し指等でグリッパーを握ってください。

・軽く腕立て伏せする

手のひらを床や壁について軽く腕立て伏せをすると、手のひらに重圧がかかるので、手のひらへの意識が高まります。

なお、足裏の感覚については、スイングの説明の中で紹介しています（76ページ参照）。

鏡に映るのは過去の自分？

　鏡に映っている自分は、過去、現在、未来、いつの自分の姿でしょうか？
一見、現在の自分に思えますが、鏡に映っているのは 0.00000…1 秒前とも
しれない、限りなく現在に近い過去の自分の姿です。

　さらに目で見た像を脳が判断し、身体に情報を送る時間があるので、鏡に
映った自分を見ながらトレーニングするということは、さらに過去の姿を
ベースに身体を動かしていることになります。

　それはおかしなことだとは思いませんか？　なぜなら、トレーニング中に
脳と身体が必要としているのは、過去の姿ではなくて、これから必要になる
力の見積もりと、現在身体にかかっている力であるはずだからです。

　"Don't overthink on your ballistics.（反動を使うトレーニングに思考を
入れるな）"と言われますが、ケトルベルのスイングのような反動を使う運
動であれば、なおさら過去の自分の影を追うことは不合理です。

　前述した感覚器と脳のフィードバックの仕組みを考えると、身体に負担を
かけずに強い力を発揮するには、より正確な力の見積もりがされる必要があ
るはずです。また、現在進行形で受けている力の的確な処理こそが重要であ
るはずです。

　鏡を見てトレーニングすることは、フォームを客観的に確認することには
役立つとは思いますが、鏡に映った過去の自分の姿に集中してトレーニング
するよりも、全身の感覚受容体と対話するつもりで、感覚を研ぎ澄ませて臨
むほうがよいように思います。

　ゴルジ腱や筋紡錘を含めた全身の感覚受容体と、脳とのフィードバックを
繰り返すことで、その機能は強化されていくはずです。

潜在意識を教育する

意識と潜在意識

　私たちの身体は、自分の意識ですべて制御できるように思えて、実際には潜在意識による制御がなければ、自在に動くことはできません。

　それは、パソコンやスマートフォンのユーザーが、OS（オペレーティングシステム）の働きについて理解していなくても、アプリを利用できるのとよく似ています。OSの存在を意識するのはアップデートのときくらいで、普段はパソコンやスマホを何気なく操作する裏側でOSが働いていることを、多くの人は意識しません。

　さて、パソコンやスマホのOSがアップデートされるのは、コンピューターウイルス対策の他に、不具合を解消したり、処理能力を向上させたりすることを目的として人為的に行われます。

　私たちの無意識は、スマホのOSのような人為的なアップデートはできません。しかし、繰り返しの体験を通して、より効率的な身体の制御方法を覚えさせることはできます。それは、潜在意識を教育するようなものです。

　すでに説明した、脳と身体がフィードバックによって強い力を発揮できるようになる仕組みも、潜在意識への教育であるといえます。また、テクニックを要するスポーツで反復練習が行われるのは、潜在意識を教育していることになります。

　「身体で覚える」とは、文字通り、脳と筋肉と神経のすべてで覚えているのです。

一段階上の重さを体験する

　潜在意識への教育としては「慣れ」というのも、その1つです。

　ケトルベルの場合、重量に対する慣れが、より高重量に挑む際に重要になります。

　先にも触れたように、私たちの脳は、手のひらなどの受容体から得られた情報をもとに「それを持ち上げるためには、どれだけの出力するか」を見積もるとともに、過去の経験を振り返って、「これは挙げられる」あるいは「これは無理」と判断しています。

たとえば、普段は24kgのケトルベルでミリタリープレスをしている人が、48kgを初めて手にすると、潜在意識は必要な力の見積もりと、過去の経験を検索します。

　その結果、脳は「これは初めての重さだ」「とてもミリタリープレスはできないな」といった判断をするのです。

　いったん「この重さは無理」という判断が下ってしまうと、怪我をすることを恐れて、身体は備わっている力を積極的には発揮しなくなります。身体を守ることを優先する、保守的な判断がされるからです。

　ですが、手ひらの受容体によって「48kgが挙がらない」と感じているままでは、いつまで経ってもそれを頭上へ挙げることができません。

　かといって、高重量を無理矢理に挙げるようでは怪我のリスクも増えますし、身体は疲弊します。無理に挙げた苦しい記憶が、かえって今後の成長を妨げることも考えられます。

　また、ケトルベルのような重量物を頭上に挙げること自体が、不安や恐怖を感じやすい行為であり、経験が浅い重量になるほど、身体は萎縮してしまって力が発揮できなくなります。そうした心理的な要因にも、慣れは必要です。

　そこで本書では、疑似体験によって「挙がった実績」を作ることで身体の判断を上書きする方法として、ボトムアップ・シリーズとウィンドミルそしてパーシャル・ゲットアップを行うことを提案します。

頭上のケトルベルに慣れる3つの種目

ボトムアップ・シリーズ

　ボトムアップ・シリーズとはケトルベルを逆さに持つ種目群です。

　普段使っているケトルベルの2〜3段階軽いケトルベルを逆さに持つだけで高重量に匹敵するバランスと荷重を体に覚えさせることができます。

　一見、曲芸のように見えますが、私はこれをケトルベルの準必須種目だと

ボトムアップ・シリーズ
（182ページ参照）

考えています。これを避けて高重量トレーニングに挑んだために、私は非常に苦労しました。

ウィンドミルとパーシャル・ゲットアップ

　ウィンドミルとパーシャル・ゲットアップは、手順通りに行えば、ミリタリープレスでは挙げられない重量を頭上に挙げることができ、比較的長時間、身体に重量を支える感覚を体験させることができます。

　また、頭上に重量があることへ慣れるためにも活用できます。

ウィンドミル
（224 ページ参照）

パーシャル・ゲットアップ
（204 ページ参照）

潜在意識を意識で邪魔しない

よい動きを邪魔するものは？

　長年の経験からして、結果への焦りは成長の妨げになるものであり、数値結果や数値目標は成長の参考にならないものです。

　たとえば、スポーツの試合で負けたとして、その試合の点数差は、次の試合に勝つための参考にはなりません。次の試合に勝つために必要なのは、練習法や作戦などを見直すことにあるはずです。

　それは、個人のトレーニングにも同じことがいえます。心理学的にも、数値結果や目標数値をトレーニング成果のフィードバックとして使うと「伸びない」といわれています。

　前述したように、私は測定デバイスとスマホアプリを使って、スイングやミリタリープレス等の出力ワット数を計測しています。

　面白いことに、高い数値を出そうと意識すると、思ったような数値が出ません。不要なテンションが筋肉にかかって、動作を邪魔するのです。いわゆる「力み」です。

　逆に意識せず、ややリラックスして行うと高い数値が出ます。必要な筋肉以外にはテンションがかからず、動作がスムーズに行われているのでしょう。

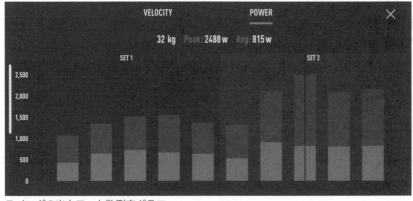

スイングの出力ワット数測定グラフ
（アプリ・デバイス「PUSH」https://www.trainwithpush.com/product-system）

インナーゲーム

　とはいえ、「リラックスしろ！」と言われても、無意識のうちに入る力みは、簡単には抜けないものです。

　そうした現象の説明として、テニスコーチのティモシー・ガルウェイ氏が編み出した「インナーゲーム」という手法を引用してみます。

　まず、ガルウェイ氏は、人間の意識を「セルフ１」と「セルフ２」に分けています。「セルフ１」は認識が及ぶ顕在意識の自分で、「セルフ２」は認識が及ばない潜在意識の自分です。

　プロ選手の試合後のインタビューなどでよく聞く、「練習でやったことができなかった」という言葉は、「セルフ１」が言わせていることです。

　「無になれた」「ゾーンに入った」「フロー状態になった」など、言い方は様々ですが、これらは「セルフ２」にすべてを委ねた状態です。

　瞬時に行われる正しいフォームは、日々の反復練習によってセルフ２に学習させたものが行わせています。試合中に「ああしよう、こうしよう」とセルフ１で考えていては間に合わないのです。

　試合中にはセルフ１による判断が必要な場面もありますが、セルフ１が表出しすぎれば、セルフ２を抑制してしまいます。むしろ、セルフ１には黙ってもらって、セルフ２に任せた方がうまくいく場面が多いはずです。

A）セルフ１が勝ちを意識する

　→セルフ２に不要なテンションがかかり、動きが鈍くなる。

B）セルフ１が自己否定する

　→セルフ２による指示系統が乱れて、身動きがとれなくなる。

C）セルフ１が黙って何もしない

　→セルフ２に染みついたスキルを100％発揮する。

セルフ 1 が邪魔をする

　さて、ケトルベルのトレーニングで、数値結果や数値目標を意識すると、無駄な力みが入り、かえって記録が伸びない、という現象も、ガルウェイ氏の「インナーゲーム」理論で説明できます。

　計測器の数値を意識しているのは、セルフ 1 です。数値を意識せずに、ややリラックスして行えば、セルフ 2 に動きを委ねられます。

　数値以外にセルフ 1 が表出してしまいやすいのは、「やるぞ！」という奮起や、「これではダメだ！」という自己否定です。思い当たる人もいるのではないでしょうか。

　ケトルベルのトレーニングを無意識やフロー状態でしてほしいわけではありませんが、わざわざセルフ 1 を働かせすぎるような方法を選ばなくてもよいのではないかと思います。

　ケトルベルのトレーニングには、勝ち負けもなければ、観客も、周囲からのプレッシャーもありません。たとえ試験や試合であっても、奮起や自己否定は邪魔になるだけです。

　セルフ 1 は黙って、セルフ 2 に委ねるのが最高の形。高重量の記録を達成するには、むしろ落ち着いた取り組み方が重要になるのです。

キューイングとドリルを用いる

　実力を発揮するには、セルフ1（意識）に沈黙してもらい、セルフ2（潜在意識）に活躍してもらうことが重要。しかし、それがわかったところで、セルフ2（潜在意識）に任せようと意識すればするほど、セルフ1（意識）が働いてしまう。この禅問答のような問題に、どのように向き合えばよいのでしょうか。

　そこで用いられる手法が、キューイングとドリルです。

キューイング

「あたかもパンチを受けるかのように腹部をブレーシング（固めること）しなさい。必要ならパンチをご提供しよう」

———パベル・ツァツーリン

　「キューイング（Cueing）」という言葉を、ケトルベルに限らずスポーツトレーナーはよく使います。言葉では伝わりづらいコツのようなものを、相手に伝わりやすい別の表現に置き換えるというコミュニケーション手段です。

　上記のパベル氏の言葉は、腹筋の使い方を伝えるキューイングです。

　トレーナーは、相手（生徒など）のことをよく観察して、改善点してほしい箇所に意識を向けさせるために、キューイングを使います。

　たとえば、スイングのヒンジ動作で「大臀筋を固めてください」と表現するよりも、「犬に噛まれることを想像して、尻を引き締めてください」と表現したほうが、身体で理解しやすいのではないでしょうか。

　自分の身体のことを解剖学的に理解することが大切な段階もありますが、キューイングのような直感的な言葉のほうが役立つ場合もあるのです。

　キューイングは意識付けとして有効な方法で、キューイングを受ける前と後では、動員される運動単位にも差が出てくるのではないかと考えています。キューイングで意識付けされた状態でトレーニングを繰り返すと、やがてとくに意識を向けなくても、正しい動作できるようになるはずです。つまり、セルフ1が介在しない、セルフ2主導の動作へと近づいていくのです。

ドリル

　言葉で説明するよりも、体感を通したほうが伝わりやすい場合、ドリルを用います。

　ドリルは、テンションをかける、ストレッチするなどによって、意識してほしい筋肉や、身体の使い方を体感してもらう手法です。

　たとえば、スイングを行う直前に、パートナーに膝を軽く揺さぶってもらうドリル（112ページ参照）があります。揺さぶりによって生じる不安定に抵抗するために、全身の様々な筋肉が動員されて、テンションのかかり方が変わります。その直後にスイングをすると、よりパワーのあるスイングになります。

　前著『ケトルベル マニュアル』でも、「肩のパックドリル」を紹介していますが、「肩をパックする」という感覚は、言葉ではなかなか伝わりづらいため、実際に体感してもらうほうが有効なのです。

　他に呼吸法も、ドリルを用いたほうが伝わりやすいものです。仰向けやうつ伏せになって、腹部に支障のない程度の圧力をかけるドリルを使っています。

　ドリルを通して得た体感を、そのままスイングなどの動作に適用することで、フォームは改善されていきます。これを繰り返すうちに、とくに意識せずとも潜在意識がドリルの体験を適用するようになるのが狙いです。

　ドリルには、単独で行うものと、パートナーと2人組で行うものがあります。バリエーションは無数にありますが、本書では私がワークショップやクラスで使っている事例を上げています。

　このように、各種目の説明に加えて、フォームの改善に役立つキューイングやドリルを紹介していきます。

　一度や二度のキューイングやドリルでは、改善を実感できないかもしれません。ただ少しずつセルフ2の実力を上げていくには、そうした積み重ねが大切なのです。

キューイングとドリル

「スイングをもっと加速！」「息をもっと吐き出す！」「足を踏みしめて！」「ヒンジをもっと深く！」……。

こんな風にケトルベルの指導中に言葉で事細かな注意点を説明したとしても、すぐに動きが改善されるとは限りません。

トレーナーの指示は生徒の脳内で、その生徒なりの処理がされてから脳にインプットされます。

たとえば、スイング中の生徒に「足を踏みしめてパワー増進！」と言っても、生徒本人が踏みしめとパワーの関係を体感として理解しないうちは、その指示を実行することができません。

そこで表現を変えて、実際にその動きを別方法で体感してもらうのがキューイングやドリルです。

スイング行う直前に**「地球の裏側（ブラジルでもチリでもいいので）に地響きが伝わるくらい思い切り踏みしめて！」「足裏でグリグリと床に穴開けて」**など、具体的なイメージを持てるキューイングをしてから、実際に床を踏みしめてもらいます。

パートナーがいる場合はこれをドリルで行います。紐やタオルなどを踏んで、パートナーがそれを引っ張るのです。「紐が抜かれないように思い切り踏みしめて！」と指示すれば、競争意識の激しい者同士なら抜かれまいと踏ん張ります。実際にやってみると笑いや叫びが起こるようなドリルですが、地面の踏みしめを十二分に体験できます。

こうして踏みしめるという感覚を集中して覚えた後にスイングを行うと、より強いスイングになることがあるのです。

このようにキューイングとは、表現の置き換えに加えて、集中したい局所に焦点を当てることを言います。さらにそれを実現するために具体的な運動を行うのがドリルです。

スイングを速く行う、呼吸を改善するなど、言葉での置き換えが難しい場合はキューイングをせず、そのままドリルを適用することがあります。

後述するオーバースピード・エキセントリックのようにケトルベルをパートナーに加速して体感してもらうもの、腹部をパートナーが押してそれを押し返すことで呼吸パターンを改善するものなど、因果関係が頭で解析できないことを、言葉にすることなくドリルで習得できることもあるのです。

4 腹腔圧を高める呼吸法

パワー呼吸から一歩進める

　重い机を持ち上げるときや、綱引きの綱を引くときなど、持てる力をめいっぱい使う場面では、多くの人が息を止めて、全身を緊張させます。息を止めて力む、つまり呼吸に使われる筋肉を固めることで、体幹を強化できることを経験的に知っているからでしょう。

　こうした身体の仕組みは、生理学では「ヴァルサルヴァ手法」として知られています。ある研究によると、この呼吸法を使わずに10kgの物体を床から持ち上げると、脊柱に141kgの負荷がかかると推定されています。（なお、息を止めて力むと、血圧が上がり、血流は遅くなるため、高血圧や心臓に問題のある人は注意が必要です）

　前著『ケトルベル マニュアル』では、この仕組みを利用した、力を発揮する際の呼吸法として「パワー呼吸」を紹介しました。口から息が出るのを塞ぎ、肛門も引き締めて、腹部へ圧力をかける呼吸法です。体幹を固めて脊柱を安定させ、動作に力強さを持たせることができます。

　前著で紹介したこのパワー呼吸は、初心者から中級者向けとしてはとても有効な方法です。しかし、上級者への成長の過程では、パワー呼吸だけでは十分に対応できない状況が訪れます。そこで本書では上級者向けに、パワー呼吸を一歩進めた呼吸法を紹介します。

上級者のための「脱・パワー呼吸」

　パワー呼吸の弱点は、呼吸を止めて力むことで、動作の制御に必要な筋肉までも硬直させてしまうことにあります。

　次のページの表に記入したのは、呼吸に使われる筋肉のうち主なものですが、ケトルベル・トレーニングでも重要な役割をする筋肉が多く含まれていることに気がつきます。（表：「呼吸筋と動作の関連」参照）

呼吸筋と動作の関連

呼吸に使われる筋肉群			部位	動作との関連
吸気	主動	横隔膜	胸	腕の制御に関わる筋肉群（内外肋間筋は、胸郭の動きを通して、肩や腕の制御に関わっていると思われる）
		外肋間筋 肋骨挙筋	胸	
	補助	胸鎖乳突筋	首	
		大胸筋 前鋸筋	胸	
		広背筋	背	
呼気	主動	内肋間筋	胸	
	補助	腹筋群　腹横筋 内腹斜筋 外腹斜筋 腹直筋	腹	体幹の制御に関わる筋肉群
		腸肋筋 広背筋 腰方形筋	背	

　首、胸、背の筋肉には、腕の制御に直接、あるいは間接的に関与しているものがあり、これらの硬直は腕の動きを阻害するブレーキになります。

　たとえば、スイングでは、パワー呼吸で全身を緊張させると、腕のスムーズな動きが阻害されて、スピードを失わせてしまいます。

　また、ミリタリープレスのように、肩と腕の筋肉を段階的に連動させる必要がある動作でも、首、胸、肩の硬直は腕のスムーズな動きを阻害して、必要以上に体力を消耗させます。

　つまり、上級者を目指す段階では、首、胸、肩などの腕の動きに関わる筋肉はケトルベルの制御に使いつつ、脊柱に負担をかけずに全身の力を発揮するために体幹は固めたいわけです。

　明確な基準ではありませんが、初心者から16kgのスイングをする中級者はパワー呼吸を使い、48kgのスイングをするような上級者を目指す段階では脱パワー呼吸へと進んでいく、というようなイメージです。もちろん、使用する重さは体格や性別などの個人差があるので、脱・パワー呼吸へと進む時期は各人の成長に合わせて取り入れてもらえばとよいと思います。

呼吸の仕組みと腹腔圧

　脱・パワー呼吸の段階へ進むためのポイントは、呼吸の仕組みへの理解と、腹腔圧を高める感覚を掴むことにあります。

　まず、呼吸の仕組みを簡単に説明しましょう。

　私たちの胴体にある内臓を収める空間を体腔といいます。体腔は横隔膜というドーム型の筋肉の膜によって仕切られています。肋骨に囲まれた空間を胸腔、腹筋群と骨盤底筋群に囲まれた空間を腹腔といいます。

　呼吸は、主に横隔膜の上下動による体腔の体積の増減によって生じる、内圧の変化を利用して行われています。

吸気

　息を吸うときには、横隔膜が収縮してドームのトップが下がります。これで胸腔内の体積が増すので、胸腔の内圧が低下して肺に空気が流れ込みます。

　このとき、胸や首の筋肉が、胸腔の体積の増化を助けるように連動します。

　また、下がる横隔膜によって腹腔内の体積が狭くなり、圧された腹部が膨らみます。腹式呼吸で大きく息を吸うと、横隔膜が大きく下がるために、腹部の膨らみ方がより大きくなります。

　なお、胸や首の筋肉で胸腔を積極的に拡げて息を吸い、腹部があまり膨らまない方式が胸式呼吸です。

呼気

　息を吐くときには、横隔膜が弛緩して上がると同時に、胸腔の体積を増やすことを助けていた胸や首の筋肉も弛緩します。これで胸腔内の体積が減少するので、肺の中の空気が外に押し出されます。

　このとき、横隔膜に圧されて膨らんでいた腹腔も、自然に縮んでいきます。

　積極的に息を吐くときには、横隔膜の弛緩に連動して、胸部や腹部の筋肉を収縮させて胸腔の体積を急激に減らします。その際の腹筋群の収縮によって腹部がへこみ、高まった腹腔内の圧力（腹腔圧）が横隔膜を押し上げます。このような胸部や腹部の筋肉を積極的に使う方式を腹式呼吸といいます。

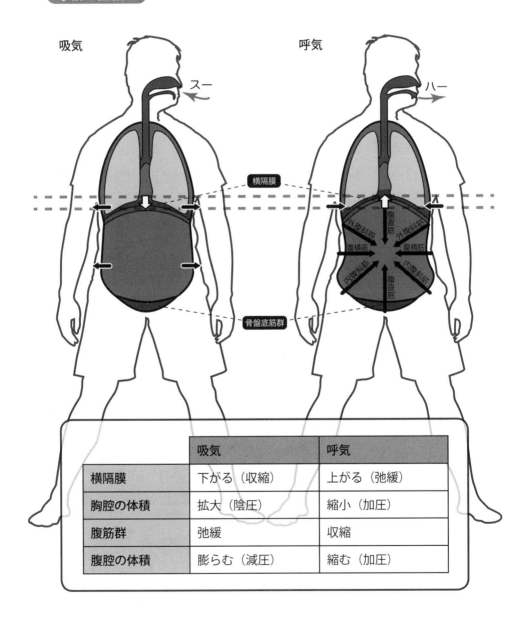

呼吸の仕組み

吸気　　　　　　　　　　　　呼気

スー　　　　　　　　　　　　ハー

横隔膜

腹直筋　　外腹斜筋
腹横筋　　腹横筋
内腹斜筋　　内腹斜筋
腹直筋

骨盤底筋群

	吸気	呼気
横隔膜	下がる（収縮）	上がる（弛緩）
胸腔の体積	拡大（陰圧）	縮小（加圧）
腹筋群	弛緩	収縮
腹腔の体積	膨らむ（減圧）	縮む（加圧）

呼吸と運動

　呼吸の重要性は、様々なスポーツやトレーニングで説かれています。

　その理由は、酸素を取り入れること以上に、呼吸に使用される筋肉と運動に使用される筋肉との関係性が重要だからではないかと私は考えています。

胸式呼吸と挙上運動の相性

　胸の筋肉（外肋間筋、肋骨挙筋、大胸筋、小胸筋など）を主導的に、首の筋肉を補助的に動員して胸腔を拡げる方式が、胸式呼吸です。前述したように、**問題はこれら胸や首の筋肉が腕の制御にも関わっていることにあります。**

　試しに、息を吸って胸を大きく膨らませたまま、両手を挙げてみてください。

　次に下腹部を膨らませるように息を吸った状態で、両手を挙げてみてください。

　どちらが挙げやすいでしょうか。おそらく後者のほうが手を挙げやすかったのではないでしょうか。

　世界記録を狙う重量挙げ選手の映像を見ると、口を開けていることがあります。重量挙げは、バーベルをタイミングよく反動を使って頭上へ挙げるため、肩の動きの自由度が必須です。ですから、息を勢いよく吐きながら、腹腔圧を高めて体幹を強化し、肩には余計な力みが入らないようにしているようなのです。

　ケトルベルのスイングやミリタリープレスも、これと同様の考え方ができます。

心拍数と体幹の安定性

　激しい運動や長時間にわたる運動をすると、私たちの身体は、より多くの酸素を求めて、横隔膜を激しく動かし、心拍数を高めます。このメカニズムが乱れるほどの運動強度になると、横隔膜は痙攣を始め、運動の継続が困難になります。

　400メートル走などの陸上競技で胸を空へ向けた姿勢で走っている選手などは、横隔膜のスタミナに限界がきて、胸を拡げて取り込む酸素を増やそうとしている状態です。

ケトルベルのトレーニングでも、スナッチのような激しい種目をすると、身体が酸素の吸入を優先して急激に心拍数が高まり、横隔膜が激しく動きだして、体幹を支えるための腹腔圧が維持できなくなることがあります。

　ケトルベルのトレーニングを安定的に行うためには、最大心拍数（220 - 年齢）の 80% を上限にするのが理想的で、これを超えるとフォームが乱れ始めます。乱れたフォームでトレーニングを続けることは、身体に悪影響を及ぼす恐れがあるので、適切に休憩を挟むように心掛けてください。

心拍数の目安＝最大心拍数（220 - 年齢）の 80%を超えない

呼吸と発声

　声を出すことは、声帯や口だけでなく、呼吸に関わる筋肉によって行われる運動です。

　とくに横隔膜は出し入れする息の量を調整しており、大きく吸うにも、長く吐くにも、横隔膜の働きが重要です。

　歌唱力が高い人は横隔膜をコントロールする能力が高いのだそうです。

　日常会話でも、息が一気に出てしまっては、まさに話にならないので、私たちは横隔膜のコントロールを潜在意識で行っています。

　運動中にかけ声や気合を出すのは、発声で横隔膜が上がるのを遅らせることで、腹腔圧の維持しようとしているからだと思われます。意識的に腹腔圧を高める感覚がつかめるまでは、発声によって潜在意識で腹圧を高められるこの仕組みを利用するのがよいでしょう。

腹腔圧を高める呼吸法

呼吸の仕組みへの理解を進めてもらったところで、腹腔圧を高める呼吸法について説明したいと思います。

1．胸式呼吸か、腹式呼吸かをチェック

まず、鼻から大きく息を吸ってください。このときに、胸部の上部が上がったり、下位肋骨（第7〜10肋骨）が外に拡がったりする人は、胸式呼吸になっています。下位肋骨を左右の手で挟むようにして深呼吸をすると、確かめられるはずです。

腹式呼吸では、胸部はあまり動かず、腹部が大きく膨らみます。腹部を左右の手で挟むようにして深呼吸をすると、これも確かめられるはずです。

胸式呼吸が癖になっている人は、繰り返し練習をして腹式呼吸を身体に覚えさせてください。

2．吸気で腹腔圧を高める

次に思い切り腹部に力を入れた状態で、鼻から大きく息を吸ってください。余裕のある人は、肛門を引き上げるように締めましょう。こうすることで骨盤底筋と横隔膜が平行になり、力を出しやすい安定した姿勢を作ることができます。

3．呼気でも腹腔圧を維持する

鼻から腹式呼吸で息を吸って、腹腔圧が高まることを確かめたら、高まった腹腔圧をできるだけ維持したまま、「ハッ」と声を出しながら口から勢いよく息を吐いてください。

人間は吸気の最中には思うように力を出せず、呼気の際にしか重量を動かすことができません。ゆえに思い切り吐くことで、横隔膜収縮、腹筋群伸張の維持した状態が実現します。先に上げた「重量挙げ選手が口を大きく開ける」というのはよい実例です。

4．呼吸を繰り返して、身体に覚えさせる

　私たちは、声を出すときに息が一気に出てしまわないように、声帯と横隔膜の収縮をコントロールしていますので、息を鼻から吸って、「ハッ」と勢いよく発声することで腹腔圧を高める感覚をつかむことができるかと思います。

　この吸気と呼気を繰り返し行って、この呼吸法が無意識に行われるように潜在意識を教育してください。

5．デッドリフトで感覚を確かめる

　デッドリフトの要領でケトルベルを提げて、腹腔圧を高めることで体幹を強化できる感覚を確かめてください。

　ポイントは、鼻から息を吸う際には、横隔膜を骨盤に向けて下げ、腹腔圧を高めること。そして、口からの息を吐く際には、さらに腹腔圧が高まるように腹筋を締めることです。

　このとき、下降した横隔膜と骨盤底筋群が平行な関係になるようにイメージをすると、腹腔圧が前に抜けずに維持できるはずです。

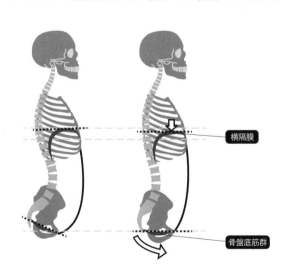

横隔膜

骨盤底筋群

横隔膜を下げながら、横隔膜と骨盤底筋群が
平行になるイメージをする。

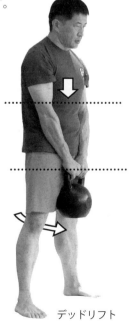

デッドリフト

体幹が強くなると、パワーが出るのはなぜか？

34 ページでゴルジ腱が関わる現象の例として、「体幹が弱いため、腕の力が発揮できない」ことを上げました。この現象について、呼吸法による体幹の強化と関連づけて考えてみましょう。

....

土台が揺らげば、パワーは出せない

体幹の弱さによって腕が力を発揮できないのは、私たちがぬかるんだ地面の上では十分にパワーを発揮できないのと同じです。

まず、足元がおぼつかない状態は、支点の定まらない梃子のようなものなので、作用点にかかる力が逃げてしまいます。（スイングやミリタリープレスの項でも詳しく説明しますが、身体を梃子の原理のイメージで捉えることで、ケトルベル・トレーニングにおける身体の使い方への理解を深めることができます）

また、ぬかるみでは滑って転ぶことを潜在意識で恐れて、身体は全力を出すことを避けるはずです。ぬかるみの場合は心理的な抑制ですが、腕のパワーと体幹の関係では、「腕がパワーを発揮したことで体勢を崩してしまうことを防ぐ」ゴルジ腱の抑制的な働きもあると思われます。

　　　　体幹の力 > 腕の力
　　　　体幹の力 > 脚の力

この力関係を満たしていないと、身体はバランスを崩し、腕や脚は力を発揮できないのです。

一見、脚の強さだけが重要に見える競技（陸上競技など）でも、体幹を鍛えることが盛んに行われているのは、このような理由からです。

体幹の強度を何に依存するか

　腕の力を十分に発揮させる前提として、体幹の強さが必要です。

　では、どのようにして体幹の強さを確保するのか？　健全にトレーニングを進めるためには、ここが重要になります。

　脊柱に依存する場合と、腹腔圧に依存する場合を比べてみましょう。

脊柱に依存する場合

　体幹の安定を脊柱やその周辺の筋肉に依存している場合、脊柱自体へ過大な負担をかけることになります。すると、筋肉が疲労して硬くなります。あるいは、脊柱を守るために筋紡錘が筋肉の伸展を制限して、筋肉を硬くしてしまうかもしれません。

　つまり、脊柱やその周辺の筋肉に依存した動きを繰り返せば、脊柱のしなやかさを失わせ、背中が硬く凝ってしまう恐れがあるのです。

　そうした筋肉の硬直が身体の左右差の原因になり、また筋肉の慢性的な痛みをもたらすことになりかねません。

腹腔圧に依存する場合

　腹腔圧を高めると脊柱が安定し、体幹は腕がパワーを発揮するための土台としての役割を果たせるようになります。

　腹腔圧によって体幹を支える場合、脊柱にかかる負担は少ないので、脊柱周辺の筋肉が硬くなることを避けられます。

　また、トレーニングを続けるうちに、腹筋や背筋などにあるゴルジ腱や筋紡錘が筋力の許容範囲を拡げていくことや、全身の安定に必要な伸縮関係を記憶してくれることが期待されます。

　本書では、この節で説明した「腹腔圧を高める呼吸法」を活用して、ケトルベル・トレーニングを行います。適用の方法や、練習用のドリルは、各種目で解説します。

Part.2
スイング
ver2.0

「スイングはもうできる」
そう自信を持って言える人はいるだろうか？
パーツを1つずつ磨き上げて、
もう一度丹念に組み上げてみてほしい。
以前には気づけなかった
「さらに先」が見えるはずだ。
今、再びスイングから始めよう。

1 スイング・リブート！

単純ゆえの奥深さ

　ケトルベル・トレーニングの代名詞である種目、スイング。ここでの目標は、スイングの一連の動作をチューニングし、出力を高めることです。

　スイングは単純な動作でありながら、静から動に移行する際のパワー出力は類を見ないといわれています。

　また、人間の基本動作でもある、床から物を拾って立ち上がる動作（ヒンジ動作、デッドリフト）に反動を足した動きなので、日常生活に限らずスポーツ全般にも良い影響を与える種目です。

　しかし、単純と簡単は同義ではありません。簡単で複雑なこともあれば、難しくて単純なこともあります。

　スイングも、姿勢や力のタイミング、呼吸や柔軟性に至るまで、チューニング次第で出力が大きく異なってきます。経験を積むほど、理解が進むほど、奥深さを感じます。

　ここではスイングを以下の要素に分けて、要素ごとのチューニングを試みます。「スイングは飽きるほどやった」という方も、「どうもしっくりこない」という方も、この章のガイダンスに沿って、ぜひスイングを再起動してみてください。

✓**セットアップ＆ウェッジ**
✓**バックスイング**
✓**踏み込み**
✓**腹腔圧を利用したスイング**
✓**ワンアーム・スイング**
✓**ダブル・スイング**

セットアップ＆ウェッジ

バックスイング

踏み込み

ワンアーム・スイング

ダブル・スイング

腹腔圧＋スイング

セットアップ＆ウェッジ

セットアップ（開始姿勢）

どのような競技にも、動作を起こす直前に静止する瞬間があります。ケトルベルのスイングでも同様で、静止して構える時間をしっかり設けることが重要です。いつもセットアップにかけている時間が 1 秒足らずなら、これからは 5 秒くらい静止してセットアップを整えてみましょう。

最初のセットアップが狂うと、続く動作が狂ってしまいます。ひとたびスイングが始まれば、途中で補正は効きません。意識的に時間をかけてセットアップを丁寧に行ってみてください。

ウェッジ

ウェッジ（Wedge）とは、パベル・ツァツーリン氏いわく、「重量と足裏の間に自分の身体を入れる」こと。格闘技のパンチでいえば、踏み込んだつま先とこぶしの間にある部位（骨盤、背筋、肩など）を最大出力できるポジションにすることがウェッジです。

スイングのセットアップでは、背筋などに曲線がないこと、頭が背筋の延長線上にあること、膝の角度が適切（68 ページ参照）であること、腰の角度が適切であること、腕と胴体の角度が直角もしくはそれに近いこと、そしてケトルベルのハンドルが腕と一直線になっていることができていれば、ウェッジが整ったことになります。

当然、身体には幾何学的な直線は存在しないので、直線とはあくまで感覚的なものですが、直線の感覚がイメージできない場合は、肩と腰をできるだけ接近させることに意識を向けてください。

ウェッジの主旨は、スイングを上半身主導から下半身主導にすることです。とくに背筋から首、頭にかけての流れを一直線にすることで、下半身の動力でスイングします。

時折、腕でケトルベルを引くようなスイングする人を見ることがありますが、ウェッジができていれば、その問題も解消するはずです。

身体の曲線的な力の流れを、開始時にできるだけ直線へ補正するのが、セットアップのポイントです。ここに時間をかけてほしいのです。

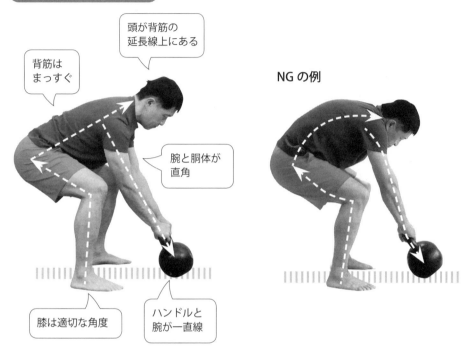

背筋は
まっすぐ

頭が背筋の
延長線上にある

NG の例

腕と胴体が
直角

膝は適切な角度

ハンドルと
腕が一直線

ウェッジの崩れた姿勢の例

　右上の写真は、ウェッジが崩れた姿勢の例です。背筋が丸まって、肩が上がっていますし、腕とハンドルが直線になっていません。

　他にも、ウェッジが崩れている状態としては、次のようなものがあります。

・ケトルベルの底面全面が床に着いている（重心がケトルベルに寄り過ぎている）
・背中が反っている
・脊椎が左右に歪んでいる、ねじれている
・頭部が上がっている、頭部が垂れている
・膝が深く曲がりすぎて、鋭角〜 90 度にならないこと

セットアップにおけるウェッジの流れ

1．背中をやや丸めた状態で、ケトルベルのハンドルを握る

背筋を意図的に丸めた姿勢から、セットアップを開始します。

2．背筋をまっすぐに整え、ハンドルをさらにしっかり握り締める

3．臀部を落とし、重心を後ろへ移動する

臀部を肩より低い位置かつ膝より上の位置へ落とします。

4．肩を骨盤方向へ引き寄せ、足裏で床を踏み締める

両肩を両耳から離し、わきの下に力を入れます。

同時に、足裏で床を踏み締めます。

　セットアップが完了した時、ケトルベルの底面が斜めに浮きます(写真4)。これが、ウェッジができているか否かを客観的に判断できるポイントです。

　もちろん、ケトルベルの底面が浮くのは結果的にであって、腕を曲げるなどして意図的に底を浮かせるのとはまったく違います。

適切な膝の角度について

　膝の角度は鋭角〜直角でないこと。つまり、180°（脚が伸びた状態）〜90°（膝と股関節が同じ高さ）の間で、転倒することなく臀部を後ろへ最大限引いたときにできるのが、適切な膝の角度です。

　自分の力の入れやすい角度を、各人で探ってください。

ウェッジのドリル

ウェッジの意識づけには、次のようなドリルで広背筋を収縮させてからセットアップを行う方法があります。

腕を前へ伸ばして持っても疲労しない重さの軽いケトルベル（あるいは3〜10kgほどの重量がある器具）を使用します。

1．準備姿勢

直立姿勢でケトルベルのホーン（ハンドルの縦軸）を、それぞれ左右の手で握って持ちます。

2．スクワット姿勢になる

両腕を前に伸ばし、太ももが床と平行になる程度に腰を落とします。

3．ケトルベルを前から頭上に挙げる

腕を伸ばしたままケトルベルを頭上へ挙げて、広背筋を収縮させます。

4．広背筋にかかる負荷を感じてから立ち上がる

広背筋に負荷がかかる感触があった時点で、腕を伸ばしたまま立ち上がります。この姿勢をすると、背中から腕にかけて極度な窮屈感があり、それから解放されるべく立ち上がらざるを得ないという感覚です。

5．準備姿勢に戻る

6．これを2、3度繰り返した後、セットアップでウェッジ確認する

ウェッジのキューイング

・肩と腰をできるだけ接近させる。
・身体の曲線的な力の流れをできるだけ開始時に直線へ補正する。
・広背筋を収縮させる。

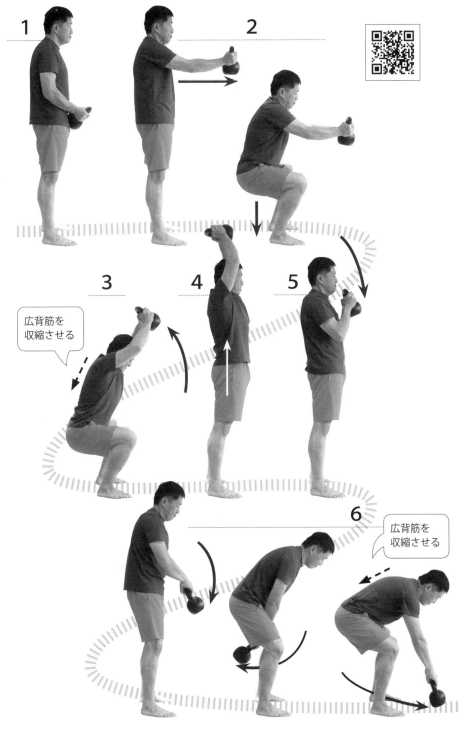

デッドスイングにおけるウェッジ

　初動作であるバックスイングの勢いを一切使わないスイングを、デッドスイングといいます。床へ置いたケトルベルを、そのまま振り挙げるのです。

　デッドスイングそのものは、パワー出力を鍛えるのに適している種目ですが、一方でウェッジをわかりやすく表現できるのでここで説明します。

1. 準備姿勢

　踵の後ろにケトルベルを置き、脚の間から腕を伸ばしてハンドルを掴みます。

2. 無反動でケトルベルを振り上げる

　臀部を落としながら、背筋をまっすぐに伸ばし、腹部に力を入れて、反動をつけずにケトルベルを振り挙げます。

　準備姿勢では、腰は肩より高い位置にあり、背筋も曲がっています。当然スイングに適したフォームではありません。

　ここから立ち上がって、無反動のままスイングできるよう姿勢に補正しなければなりません。この姿勢を正す行程がウェッジなのです。

　写真2のように、ウェッジができた瞬間に、ケトルベルの底面が少し浮きます。

　初動作から得られる反動を利用した通常のスイングでは、多少悪い姿勢でもケトルベルを振ることができますが、初動作なしのデッドスイングでは、ほぼ完ぺきな姿勢でなければ振ることができません。

　デッドスイングでウェッジの感覚を覚えてから、通常のスイングを行うとより出力の高いスイングになるでしょう。

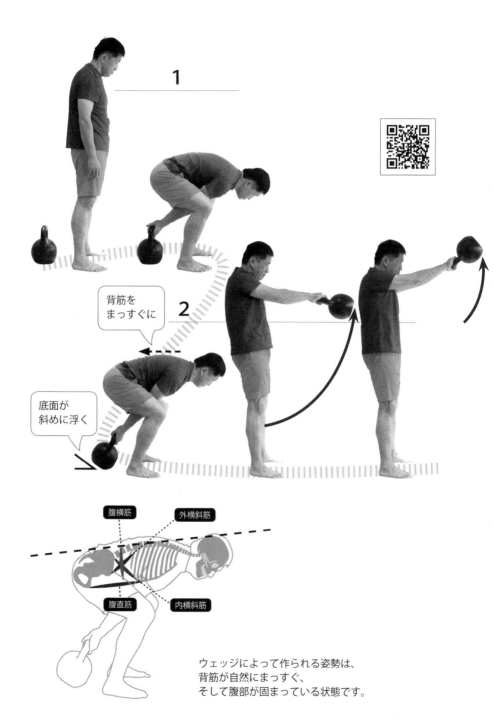

1

2

背筋を
まっすぐに

底面が
斜めに浮く

腹横筋　　外横斜筋

腹直筋　　内横斜筋

ウェッジによって作られる姿勢は、
背筋が自然にまっすぐ、
そして腹部が固まっている状態です。

バックスイング

　ラケットやゴルフクラブのスイングなどでは、テイクバックやバックスイングといった助走的な初動作をします。ケトルベルのスイングも同様です。この部分をおろそかにするとパワーが出ません。

　正しいバックスイングは意識しないとできず、バックスイングの不安定さがスイングに悪影響を及ぼして、パワーや軌道の不安定さの要因になります。

　ウェッジが緩んでいないか、無駄な力みは入っていないか、自分のバックスイングの動作を確かめてみましょう。

1．準備姿勢（セットアップ＆ウェッジ）

2．同じ姿勢のまま、前腕を内股へ勢いよく当てる

3．振り子のようにケトルベルが元の位置に戻る
腕に力を入れなければ、とくに問題なく前へ着地します。

　ここで動かすのは腕だけです。ケトルベルを思い切り床へこすりつけるイメージで、勢いよくケトルベルを後方へ振ってください。ケトルベルがマッチ棒の先端だとすれば、床へ思い切りこすって火を起こすつもりでバックスイングします。

　なお、セットアップによってケトルベルの底辺が斜めに浮いているので、実際にケトルベルが床をこすることはありません。本当に床をこすってしまうようならば、再びウェッジの確認を行ってください。

NG なバックスイング
・ケトルベルが終始膝より下にあって、上に上がってこない。軌道が底辺とほぼ平行になっている。
・勢いがないもの（本来勢い余ってケトルベルが臀部に当たることがあるのが、途中で勢いを失う）
・脚の間を目線で追う（背中が湾曲してウェッジが崩れる）

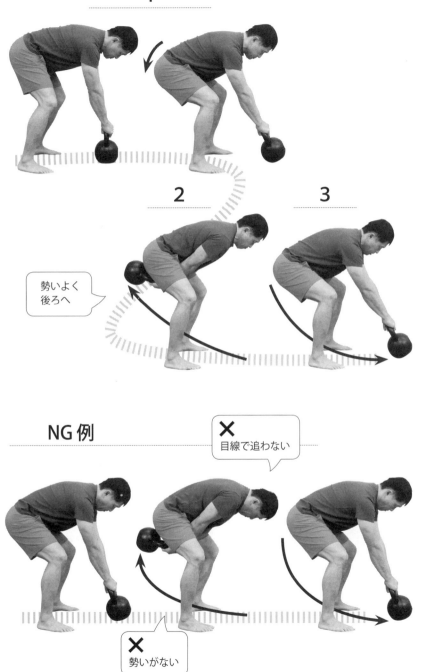

踏み込み

　足裏は非常に有効な感覚受容体つまりセンサーです。足裏で感じる床や地面の硬さ次第で、発揮できる出力が変わってしまうことがあります。足裏で地面の不安定さを感じると、身体は力を発揮できません。

　硬い床を素足で踏み締めてからスイングすると、より多くの運動単位が動員される感覚があります。柔らかいマットを踏み締めるのとでは比較になりません。私の場合、ホームセンターで買った2000円もしない板を敷いて、それを踏み締めてスイングしています。

　踏み締める際にとくに意識を向ける箇所は、下図（足裏の3点）に示した部位です。スイングでは、終始この3点を踏み締め、とくに振り上げるタイミングには床を壊すつもりで思い切り踏み込みましょう。足裏が床を突き抜けるがごとくスイングすると、ケトルベルが勢いよく振り挙がります。

　この踏み込みは、ミリタリープレスやスナッチ、スクワット等にも応用が効きますので、活用してください。

踏み込みのキューイング
・3点を床に接地して床を壊すかのように踏み込む。
・踏み込む際に足指を10本全部浮かしてみる。
　すると3点に力が集中しやすい。

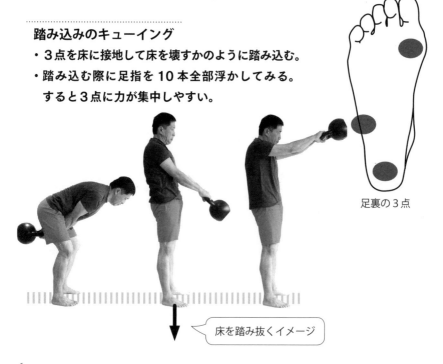

足裏の3点

床を踏み抜くイメージ

踏み込みのドリル

　ドリルはスイングの前に行います。

- 床に置いたボール（硬いボール、ゴムボールでも可。テニスボールのように踏んで壊れるものは要注意）を足裏で満遍なく踏み締める。

- 足指で何か（ボールやタオルなど）をつまむ。

- 10本の足指をそれぞれつまんで無理なくストレッチする。

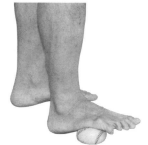

ボールを踏み締める

指先でつまむ

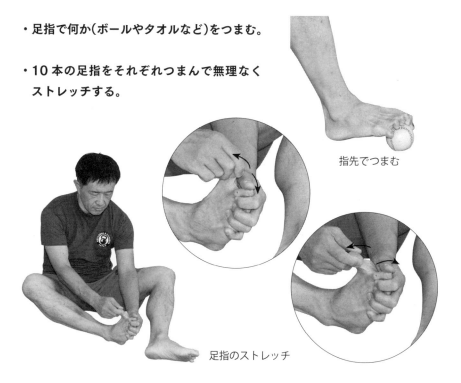

足指のストレッチ

　足裏と足指の意識は日常生活においてもトレーニングにおいても置き去りにされやすいものです。足裏への刺激で活性化される筋肉群もあるので、ぜひ注目してください。

デッドリフト

ケトルベル歴 10 年で、「もうデッドリフトはできる」と考えている方も、原点に立ち返ってデッドリフトを行ってみましょう。

腹部が緩んでいる、背中から動いている、身体が反っているなど、忘れているものがあります。正しいデッドリフトができずに、強いスイングができるはずありません。

ここでは、とくに踏み込む際の足裏の感覚に意識を向けてください。

1．準備姿勢（セットアップ）

肩幅に立ち、ケトルベルを足の間、踵の並びへ置き、セットアップをしてください。（スイングでは、ケトルベルを前へ置きますが、デッドリフトでは骨盤直下へ配置します）

2．地面を踏みつけて立ち上がる

両足を地面へ埋め込むつもりで踏みつけ、腹部に力を入れたまま立ち上がります。

ここでの姿勢のポイントは、自分のみぞおちを目で追うようにして、あごを引くことです。あごを上げた姿勢は、脊柱の自然な形を維持しにくくなります（NG 写真）。とくに後頭部から頸部にかけて極度にテンションがかかることが、全身の姿勢に響いてきます。

終始、肋骨とあごとの距離を一定に保つように意識しましょう。

全身を使って高重量を拾うのが、デッドリフトの醍醐味です。重要なのは脊椎を安定させることと、下半身主導で行うことです。

ぜひ、デッドリフト直後にスイングを行ってみてください。

デッドリフト

1

2

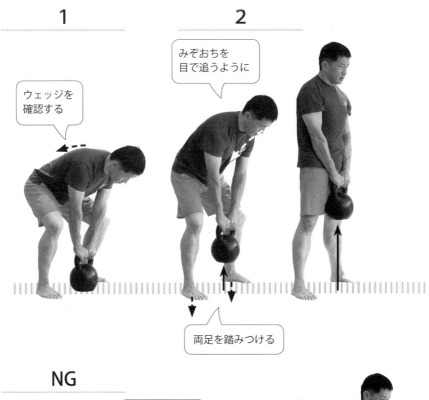

ウェッジを
確認する

みぞおちを
目で追うように

両足を踏みつける

NG

✕
あごを上げない

Part.2　スイング ver2.0　**79**

スイングに腹腔圧を利用する

　Part.1 では、腹腔圧を高めることによって体幹が強化できることを紹介しました。ポイントは、首や胸など、腕の制御に関わる筋肉には力みを入れずに、腹腔圧を高めて体幹を強化することです。

　この仕組みをスイングに取り入れてみましょう。

　私がこれを指導に取り入れてすぐに、「腰の痛みがなく、トレーニングができた」という反響がありました。怪我のリスクがバーベルに比べて低いとはいえ、高重量を使用した反復動作を継続するためには、身体に負担をかけない戦略が必要になってきます。

　動作自体は、通常のスイングと同様です。この章でこれまで説明してきた要点を守って、スイングをしてください。

横隔膜と骨盤底筋を平行に

　右ページの写真に書かれた平行線は、上が横隔膜、下が骨盤底筋群です。腹腔圧を最大限に発揮した際には、これら筋肉群が平行になっているのです。これが平行でなくなると、腹腔内の圧が逃げてしまう感覚になると思います。

常に同じ呼吸タイミングで

　優秀な狙撃手は、射撃の際には同じ構えであることはもちろん、常に同じ呼吸タイミングで引き金を引くそうです (※)。これが結果に再現性をもたらすわけです。

　この狙撃手の例と同様に、ケトルベルのスイングでも、動作と呼吸のタイミングが、常に一定になることが重要です。ケトルベルを振るたびに違ったタイミングで呼吸をしていては、再現性が失われ、出せるパワーがバラバラになってしまうでしょう。

　かけ声を利用して、動作と呼吸のタイミングを常に一定にしましょう。

※ 5 km 先の的への狙撃を成功させたギネス記録保持者チャーリー・メルトン（Charlie Melton）という元米海軍狙撃手が、「どういう呼吸がいいのか？」と問われて「どういう呼吸でもよいが、常に同じ呼吸タイミングで」と答えたそうです。

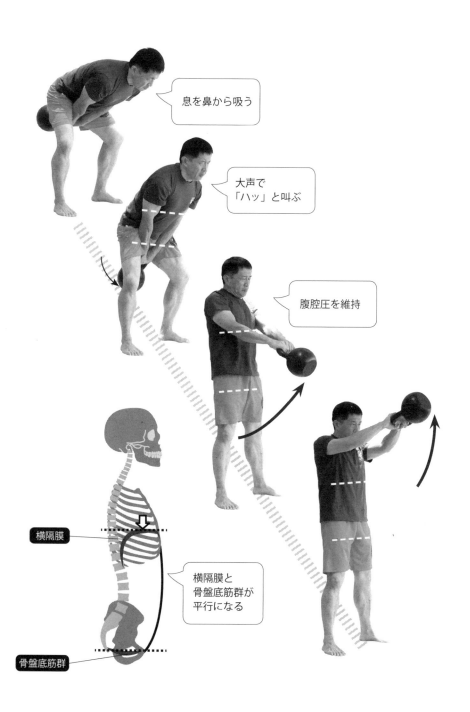

腹腔圧仰向けドリル

腹腔圧を高める感覚を、仰向けのドリルで体感してみましょう。

---

1. 仰向けになり、両脚を上げる

背中全体を床へ付け、両足を上げます。足を突き上げると骨盤が浮き、必然的に右ページの図に示した三角形のように隙間ができます。

2. 手で脇腹を掴む

人差し指で下腹部、親指で背後の腰回りを掴んでください。

3. 腹腔圧を確かめながら呼吸をする

息をゆっくり吸いながら、指に抵抗して腹腔圧が増して、腹部が内側から膨らむことを確かめます。腹部は 360 度方向すべてに膨らみます。

息をゆっくり吐きながら、腹腔圧を極力同じ大きさに維持します。

腹部の断面図

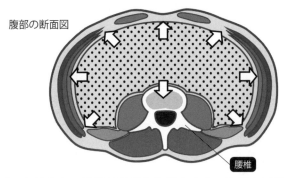

腰椎

この呼吸を行うと、骨盤部分がやや浮きます。両足を天井方向へ突き上げる意識を持つと、疲れることなく両足を上げることができます。

ドリルを行った後、すぐにスイングを行ってみましょう。

このドリルによってスイングの振り挙げる動作の際に、意識しなくても潜在意識で自然に腹腔圧を作るようになっているはずです。

両足を上げる

吸気によって腹腔圧が高まる

脇腹を掴む

腹腔圧で腹部が内側から膨らむ

骨盤の下に三角形の隙間ができる

逆さにするとセットアップ姿勢に

　腹腔圧仰向けドリルを逆さにしてみると、スイングのセットアップ姿勢やスイングのヒンジの姿勢に似ていると思いませんか？　仰向けで腹腔圧が安定していると、脚を上げるのも楽になります。そして、立った時に同じ感覚を維持すると両脚の脱力ができます。これが理想的なスイングのセットアップ姿勢につながります。

腹腔圧仰向けドリル（ペア）

　先ほどの腹腔圧仰向けドリルで、息を吐くときに腹腔圧が維持できない、あるいは維持する感覚がつかめない場合、パートナーに肋骨の下部を軽く圧^おしてもらうドリルを行うとよいでしょう。

　肋骨の下部をパートナーに軽く圧してもらうことで、自分の肋骨の筋肉が呼吸にともなって閉じたり、開いたりすることを感じやすくなります。

　腹圧を維持したまま息を吐くには、腹直筋、腹斜筋（内・外）、腹横筋などの腹筋群によって、肋骨の下部（下位肋骨）を骨盤の方に引きつけるようにします。しかし、この「腹筋群で下位肋骨を引き付ける」という動きは、おそらく簡単にはできないでしょう。

　通常、呼気時には、横隔膜が弛緩して上がるのに連動して、胸部も腹部も筋肉は緩みますから、下位肋骨を引きつける感覚がないと、腹圧も抜けてしまいやすいのです。そこで大事になるのが寝た姿勢で行うドリルです。

　赤ちゃんが床で様々な動きをして、動き方や歩き方を覚えて成長していくように、ケトルベルやトレーニング関連の問題も、床でのドリルで解決することができるのです。

　腹腔圧を維持する感覚がつかめたら、立ち上がってスイングをしてみましょう。（必ずパートナーの安全を確保してください）

両足を上げる

吸気によって
腹腔圧が高まる

パートナーに
肋骨下部を掴んでもらう

　腹腔圧にも左右不均衡があります。理想的には360度全方向に膨らみ、楕円形をしている腹腔圧が、左右非対称になることがあるのです。

　原因は脊柱の歪みや肋骨の筋肉の左右差、骨盤の傾きなどが、腹腔圧の不均衡に現れるのではないかと思われます。

　風船のゴムが一部だけ厚かったり薄かったりすれば、膨らみ方が均一にならず、いびつな形に膨らむ状態をイメージするとよいでしょう。

　腹腔圧が不均衡だと、膨らみの小さい側が不安定となり、スイングやミリタリープレスでも左右差が発生するわけです。

　身体の左右で、力の差があったり、得意不得意が極端な場合、不得意な側の腕や脚に原因を求めがちですが、私の経験ではこの腹腔圧の不均衡も一因となると考えています。

　もしこのような問題を抱えた場合、ケトルベルを扱う前に左右の手で脇腹を掴んで、手の圧力を腹腔圧で何度か押し返してみてください。その直後にケトルベルを挙げるとどう変わるか、自分の感覚の変化を感じてみるのも面白いでしょう。

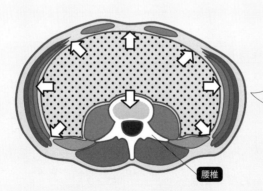

右脇の筋肉が硬く、伸びなくなっていると、腹腔の膨らみ方がいびつになる

腰椎

腹腔圧に左右の不均衡が出る例

スイングと梃子の原理

身体は一大梃子である

　かつてバーベルスクワットの世界記録を樹立した故フレッド・ハットフィールド博士は、「身体は一大梃子である」と説明しました。博士が言うように人体を梃子として捉えると、ケトルベル・トレーニングにおける身体の使い方がイメージしやすくなります。

　ここでは、ケトルベルのスイングと梃子の原理について解説します。

　さて、「梃子の原理」と聞いて、多くの人が思い浮かべるのは、シーソーではないでしょうか。梃子の原理には第一から第三があり、シーソーは「第一の梃子」です。「第二の梃子」は栓抜き、「第三の梃子」はピンセットなどで使われています。

第一の梃子「力点―支点―作用点」

　支点が作用点に近づくほど……、

　　力点にかけた力よりも、作用点に働く力が強くなる。

　　力点が動く距離よりも、作用点が動く距離が短くなる。

　　力点の移動速度よりも、作用点の移動速度は遅くなる。

第二の梃子「力点―作用点―支点」

　作用点が支点に近づくほど……、

　　力点にかけた力よりも、作用点に働く力が強くなる。

　　力点が動く距離よりも、作用点が動く距離が短くなる。

　　力点の移動速度よりも、作用点の移動速度は遅くなる。

第三の梃子「作用点―力点―支点」

　力点が支点に近づくほど……、

　　力点にかけた力よりも、作用点に働く力が弱くなる。

　　力点が動く距離よりも、作用点が動く距離が長くなる。

　　力点の移動速度よりも、作用点の移動速度は速くなる。

第一の梃子

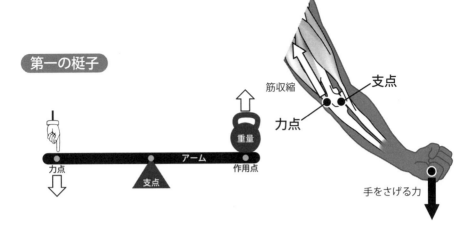

アーム
力点　支点　作用点

筋収縮　支点
力点
重量
手をさげる力

第二の梃子

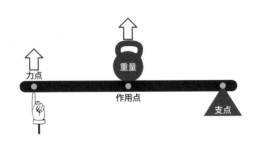

力点　作用点　支点
重量

筋収縮　体を持ち上げる力
力点　作用点
地面　支点

※右に挙げた「つま先立ち」の例は、地面が支点
であれば「第二の梃子」ですが、
　足を浮かせてつま先を下げる動作は、足関節を
支点にした「第一の梃子」です。

第三の梃子

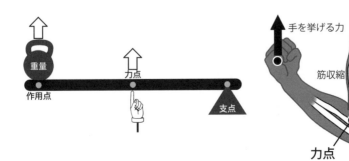

重量　力点　支点
作用点

手を挙げる力
筋収縮
力点　支点

スイングの中の梃子のイメージ

「レバレッジが効率のよい力の発揮を可能にする」
「身体の構造における梃子の原理にあって、支点から力点の距離が短いため、身体は基本的にスピード発揮するために作られている」

———フレッド・ハットフィールド

　私たちの身体も、筋肉の腱（力点）が関節を支点にして、骨（作用点）を引き寄せるという梃子の原理が動いています。

　フレッド・ハットフィールド氏が言う「支点から力点の距離が短い」というのは、前のページの図を見てもわかるかと思います。この構造から、力点の小さな動きが梃子のアーム（＝天秤棒）によって増幅されて、作用点の大きな動きになること。その際の作用点の動きは、スピードも増幅される（下図）ため、「身体は基本的にスピードを発揮するために作られている」と言っているのです。

　ケトルベルのスイングの中で働く梃子を探すと、膝関節の伸展、股関節の伸展などがありますが、体幹をアームと見做せば、股関節を支点とした大きな梃子として見ることができます（右ページの図）。つまり、股関節のヒンジ動作がスイングの主動力となっているのです。

　この場合、作用点となるのは肩関節で、腕は重量（ケトルベル）を吊るロープのように動きを増幅させています。腕の力で重量を持ち挙げているわけではないのです。

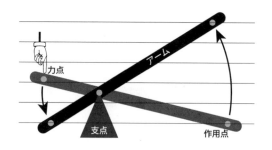

人体を梃子にするための問題点

　人体を「一大梃子」として働かせるためには、問題が２つあります。

　１つは、人間の体幹が剛体ではないことにあります。体幹が軟弱だと体幹部が大きなアーム（＝天秤棒）にならず、梃子が有効に働きません。

　また、肩の位置が定まらないと、股関節の梃子で作った動きがケトルベルにまで届きません。

　ウェッジを整えることと、腹腔圧を高めることは、体幹を強くするためです。ウェッジで広背筋を締めるのは、腕が重量に引っ張られてしまわないようにするためでもあります。

　もう１つの問題は、支点である股関節が不安定になりやすいことです。

　股関節の安定には、膝から下の安定性が大きく関わってきますから、先に説明した「足裏の３点を意識して地面に踏み込むこと」がここでも利いてきます。

　膝から下を固定する感覚を覚えるのには、膝を揺さぶるドリル（112 ページ参照）を行うとよいでしょう。

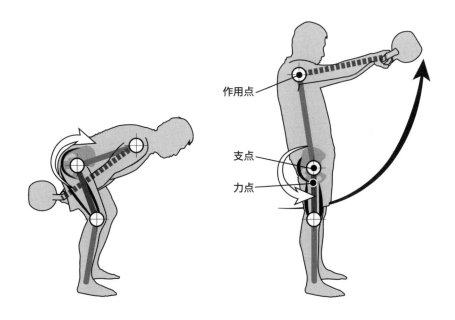

作用点

支点

力点

ワンアーム・スイング

ワンアーム・スイングをツーアーム・スイングのように

2001年にケトルベル・インストラクター認定コースが発足されて以来、スイングがケトルベル指導の中心的存在を担ってきました。その間、指導方法に様々な改良がされてきており、その中でとくに大きく変わったのがワンアーム・スイングです。

以前の指導方法であれば、ツーアーム・スイング→ゲットアップで肩のパックを習得→ワンアーム・スイングの順が推奨されていました。

それが今では、ツーアーム・スイングとワンアーム・スイングの仕切りを外し、「あたかもツーアーム・スイングのようにワンアーム・スイングを行う」という指導がされる傾向にあります。ワンアームとツーアームの唯一の差は、スイング開始前に片手をハンドルから放すところだけです。

1．ツーアーム・スイングと同じように、両手をハンドルに添える
両手をハンドルに添えるのは、肩を左右平行の関係にするためです。

2．直前になって手を離し、スイングをする
動作の原則はツーアーム・スイングと同じです。

注意点
ツーアーム・スイングを行った直後に、ワンアーム・スイングを行う場合は注意が必要です。

私のクラスで生徒がツーアーム・スイングを行った直後に、同じケトルベルでワンアーム・スイングを行ったところ、ケトルベルが手から離れて前方や後方へ飛んでいくという事象が発生しました。これは、ハンドルを持つ手が両手から片手になったことでグリップに倍の力を要するはずなのに、ツーアームと同じくらいのグリップでワンアームを行ったためです。

そこで、ツーアームからワンアームへと連続して行う場合は、ワンアーム・スイングの最初に1段階軽いケトルベルを用いる、あるいは低出力のワンアーム・スイングのセットを挟むことをお勧めします。

別角度

別角度

両肩は平行のまま、片手を離す

片手を離す

ダブル・スイング

重量の変化＋足幅の変化の中で学べるものは

ダブル・スイングの方法は、ツーアーム・スイングやワンアーム・スイングと、あまり変わりません。ただし、ケトルベルを２つ使うため、その分足幅を開かなければなりません。私が所有しているケトルベルを２つ並べたところ、以下のような幅になりました。

・16kg 2つ　約 38cm
・24kg 2つ　約 39cm
・32kg 2つ　約 40cm
・40kg 2つ　約 42cm

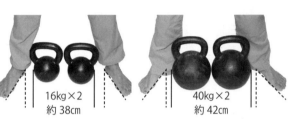

16kg×2
約38cm

40kg×2
約42cm

高重量になるにつれ、両足を開く幅は大きくなり、つま先の角度も変わってきます。32kg 以上の重量になると、つま先が外へ開いた状態でのスイングになります。これはケトルベルが降下してきた際に、膝を直撃しないための安全措置です。

股関節の周りの筋肉を動員

広いスタンスでのスイングは、動員される筋肉群が変わります。とくに広背筋や大殿筋を動員しにくくなるため、股関節の可動域とそれを安定させる筋肉群が動員されます。

短時間で高出力を出す

ケトルベルを２つ使うダブル・スイングは、ワンアーム・スイングよりも身体を強化し、筋肉を増量させるのに適しています。32kg ２つなら 64kg、40kg ２つなら 80kg でスイングをすることになります。１秒でそれだけの重量を動かす力やエネルギーは、他のスポーツに活かせれば、圧倒的な爆発力を生むでしょう。

最低でも肩の高さまで振り上げる

　ダブル・スイングで、ケトルベルが最低でも肩の高さに振り挙げられるスキルを身につけることができれば、ダブル・クリーンやダブル・ハイプル、ダブル・スナッチにつながります。

　また、ダブル・クリーンができるようになると、ダブル・ミリタリープレスの開始姿勢まで辿り着きます。

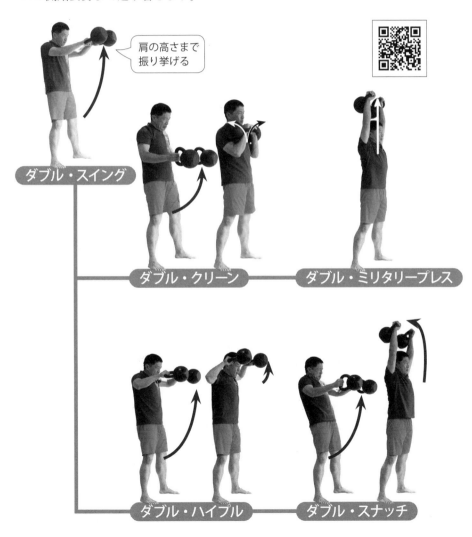

肩の高さまで
振り挙げる

ダブル・スイング

ダブル・クリーン

ダブル・ミリタリープレス

ダブル・ハイプル

ダブル・スナッチ

相撲デットリフト（ダブル・デッドリフト）

　足幅を広くとって高重量を挙げるデッドリフトは、重量を持ち挙げる距離が短くなるので、高重量を競うパワーリフティングで使われる手法です。この手法を本書では「相撲デッドリフト」と呼びます。

　足幅が広がることで、臀部や広背筋といった身体の中でも強い部類に入る筋肉を動員することが難しくなります。その代わりに、骨盤周辺の筋肉や股関節の可動域への依存度が高まりますが、脚を開いている分だけ下半身の動力を使う自由度も減ります。

　こうした制限の中で、腹腔圧で体幹を固めること、足を踏み締めるなど、ダブル・スイングにつながる要素があります。

1．両足の間に2つのケトルベルを置く

　足幅を肩幅以上に開き、左右の土踏まずを結ぶ線上にケトルベルを2つ並べて置きます。

2．ハンドルを掴む

　鳩尾を目で追いながら臀部を後ろへ下げ、ケトルベル2つを掴みます。

　鳩尾を目で追うのは、頸椎を反らないようにするためです。頸椎を反った姿勢では、首の後ろ側の筋肉を不要に圧迫した状態になります。

　顎と鎖骨の距離は臀部を後ろへ下げた姿勢でも、直立しても同じです。

3．そのまま立ち上がる

　腹腔圧を高め、足を思い切り踏み締めましょう。

　ここで重量を実感することが、後にダブル・スイングを行う際に活きます。

4．ケトルベルを下ろす

　腹腔圧を緩めることなく、鳩尾を目で追いながら、ケトルベルを最初と同じ位置に下ろします。

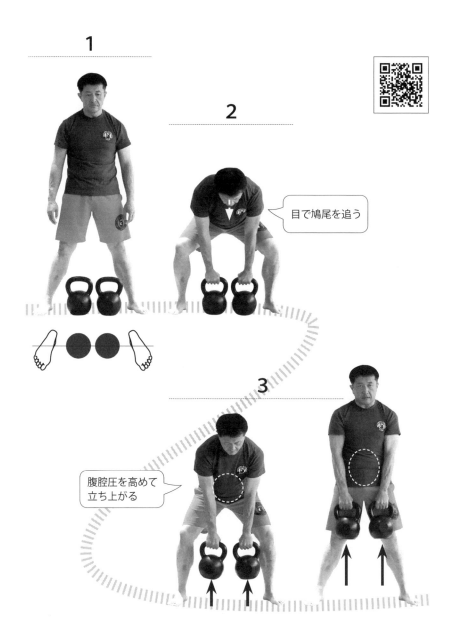

1

2

目で鳩尾を追う

3

腹腔圧を高めて
立ち上がる

ダブル・スイング

　ダブル・スイングの方法と注意点は、ツーアーム・スイングやワンアーム・スイングと変わりません。

　ダブル・スイングについては、次のように練習するとよいでしょう。

A）セット＆ウェッジから、ダブル・スイング

　ウェッジを強化してセットアップ姿勢を作り、1回スイングする毎に、床へ戻す。これを複数回繰り返す。

B）相撲デッドリフトから、ダブル・スイング

　ケトルベル2つで相撲デッドリフトを数回行った直後に、休むことなくケトルベル2つを約30㎝前へ置いて、セットアップ姿勢になり、ウェッジの確認をしてからダブル・スイングを行う。

C）腹腔圧仰向けドリルから、ダブル・スイング

　上記AとBを行った後に、ツーアーム・スイングで説明した「腹腔圧仰向けドリル（82ページ参照）」で腹腔圧を作り、直後にダブル・スイングを行う。

注意点

　ケトルベルが振り上がるタイミングで、腹腔圧が最大になっていること。

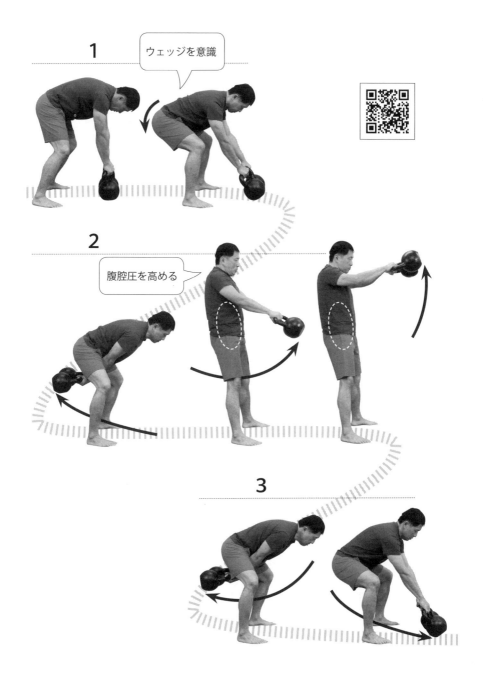

2 2段式スイング

カブーンスイング！

　シリコンバレーとして知られるアメリカのカリフォルニア州パロアルト。私がそこへマーク・“リフ”・リフキンド氏を訪ねたときのことです。

　彼は2007年に私を最初に認定した、RKC（Russian Kettlebell Challenge）ケトルベル・インストラクター資格上級インストラクターで、全米で初めてのケトルベル専門スタジオを設立しています。体操、アイアンマンレース、ボディビル、パワーリフティングに次々と携わり、最後にケトルベルに行きついた、ボディーワークに関する生き字引のような人です。

　私はそこで、あるスイングの技法を教わりました。「これを“カブーンスイング”とでもいうのかな？」リフはその技法の呼び名をはっきりとは決めていなかったようでした。「カブーン」とは、日本語で言う「ドカーン」のような爆発音を表す擬音語です。

　私はその技法を教わり、これを日本語で表現するなら「2段式スイング」というのが適切ではないかと思いました。

　通常のスイングはヒンジが主な動力ですが、「2段式」ではさらにスクワット要素が加わります。2段式スイングでは、下半身の動力をより強く加えることで、ケトルベルが上へ跳ね挙がることが特徴なのです。

　このスイングが発案されたきっかけは、リフが高回数のワンアーム・スイングを行っていたとき、次第にケトルベルが胸の高さまで上がらなくなった際に、下半身の動力を補充する必要に迫られたことだったそうです。

　この節では、2段式スイングの方法について説明しますが、このスイングはツーアクションを連動させるタイミングが難しいため、通常のスイングをある程度、身につけた後に行うことをお勧めします。

パロアルトのジムにて　2017年8月

大きな力の制御を体験する

　2段式スイングでは、ヒンジ動作の動力と、スクワットで溜めた動力が一度に発揮されます。より大きな動力がかかったケトルベルは、通常よりも上へ浮きます。そして、挙がったぶんだけ通常よりも勢いよく下りてきます。その勢いを身体で受け止め、ケトルベルを制御するのですから、身体は通常よりも強い力を体験することになります。

　こうした体験により、筋肉の許容出力が拡大すること。それがこのスイングの狙いです。

　実際にパワーを計測したところ、通常のスイング（1000～1500ワット）の倍以上の出力（2413～6452ワット）が計測されました。奇跡的な数値ですね。

　その後、この数値を意識して計測してみましたが、意識するほどこの数値から遠ざかっていきました。やはり潜在意識に委ねるのが一番です。皆さんも「やってやろう！」という気持ちを抑えて、素直な気持ちでスイングしてください。

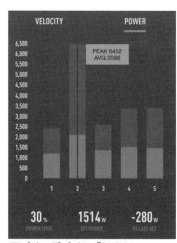

アプリ・デバイス「PUSH」
（https://www.trainwithpush.com/product-system）

ゴブレット・スクワット

　2段式スイングを行う前に、ゴブレット・スクワット等のスクワット動作をしましょう。スクワットの要素で加速する感覚が掴みやすくなります。

　また、2段式スイングでは、膝を外へ広げながらバックスイングし、ケトルベルを振り挙げる際に、広げた膝を閉じる動作があります。この感覚を習得するためにも、ゴブレット・スクワットは有効です。

　もしスクワットの反復が、負担が大きい場合はケトルベルを持って両膝を外へ広げる動作を繰り返してください。深くしゃがむ必要はありません。

1．準備
　ケトルベルをツーアーム・スイングの要領で胸の高さまで挙げ、瞬間的に両手を離してケトルベルのホーン部分を掴みます。脇を締めて肘を腹部につけてケトルベルを持ちます。

2．腰を下ろす
　ケトルベルを持ったまま、両膝を外へ広げながら腰を下ろします。前かがみにならず、肘が太腿と接した時点で静止します。

3．立ち上がる
　両膝を閉じながら、床を押して立ち上がります。

1

2

3

別角度

背筋は
伸ばしたままで

別角度

2段式スイングの実施法

　動作習得を目的にする場合は、1セットあたり5回前後の低回数で数セット行うにとどめてください。

1．セットアップ＆ウェッジ
　ウェッジでセットアップを整えます。ここは通常のツーアーム・スイングと変わりません。

2．バックスイング（1段目）
　2段式スイングではバックスイング動作に2段階の動きがあります。まず1段階目は普通のヒンジ動作によって骨盤を後方へ引きます。

3．バックスイング（2段目）
　腰を引いたタイミングで両膝を外へ開く、あるいは後ろへ座るように臀部を下方向へおろします。どちらがやりやすいかは骨格によって違ってきます。
　このように膝や骨盤の位置が変わることで、ケトルベルが高く挙がる角度を作ります。ここで膝を外へ開く、あるいはしゃがむというスクワットの動作が活きてくるのです。

4．ヒンジ運動
　臀部を引き締めて、膝をまっすぐに伸ばしながら、ケトルベルを前方に振り出します。

5．前方に振り出す
　通常のスイングでは額の高さくらいがトップですが、2段式スイングではケトルベルが頭頂の高さくらいまで跳ね挙がります。
　慣れない重量や不安定な足場でこの高さまで跳ね挙がると、足がもたつくことがあります。足場を踏み締めることが大事です。

1

2

3

膝を開く

4

腹腔圧を高める

床を強く踏む

5

105 ページへ続く

6．振り下ろした勢いを吸収する

　通常のスイングでもトップから降下するケトルベルの勢いを吸収しますが、2段式スイングではケトルベルが高く挙がっている分だけ勢いを増しています。そのため、腹部を固めて体にかかる負荷に備えてください。慣れないとここでバランス崩すことがあります。

　ケトルベルの勢いを吸収した姿勢が次のレップの開始姿勢になりますが、勢いに負けて姿勢が崩れていると、スムーズに連続して行えません。

7．ケトルベルを置く際の注意点
　ケトルベルを床へ置く際は、腹腔圧を緩めることなく、バックスイングしてからケトルベルが前へ戻ったところで着地させます。疲労困憊になっていると腹腔圧を緩めがちです。意識して腹部を固めることが大事です。

2段式スイングのキューイング
・デッドリフトで、足を床へ踏みつける感覚を身につける。
・デッドリフトとスイング、ともにあごと肋骨の距離を一定に維持する。
・ゴブレット・スクワットを練習する。
・腰を引く、膝を外へ開く、臀部を引き締める、の順序でスイングする。
・ケトルベルを引いた後に方向を少しだけ調整する。

応用
　ワンアーム・スイングとダブル・スイングにも、2段式スイングを適用することができます。臀部を下げて膝を開きながら、スクワットの力を加えてケトルベルを振り挙げてください。

6

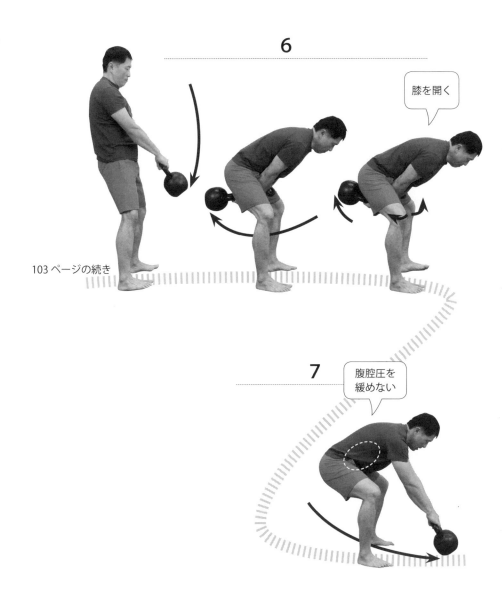

膝を開く

103 ページの続き

7

腹腔圧を緩めない

通常のスイング　　　　　2段式スイング

セットアップ

・通常のスイングは
　1：腰を引く
　2：臀部を引き締める
　というタイミングです。

・2段式スイングは
　1：腰を引く
　2：膝を外へ開く
　3：臀部を引き締める
　というタイミングです。

バックスイング

腰を引く

膝を
外へ開く

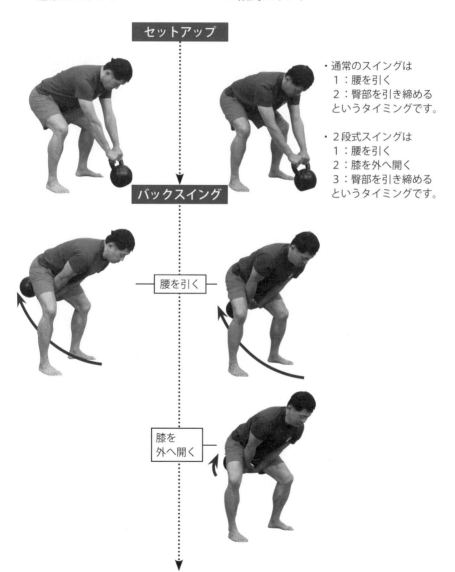

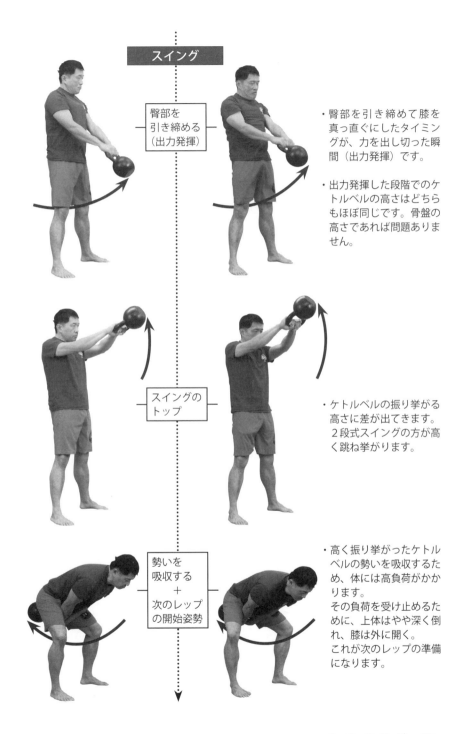

スイング

臀部を
引き締める
（出力発揮）

・臀部を引き締めて膝を
真っ直ぐにしたタイミン
グが、力を出し切った瞬
間（出力発揮）です。

・出力発揮した段階でのケ
トルベルの高さはどちら
もほぼ同じです。骨盤の
高さであれば問題ありま
せん。

スイングの
トップ

・ケトルベルの振り挙がる
高さに差が出てきます。
２段式スイングの方が高
く跳ね挙がります。

勢いを
吸収する
＋
次のレップ
の開始姿勢

・高く振り挙がったケトル
ベルの勢いを吸収するた
め、体には高負荷がかか
ります。
その負荷を受け止めるた
めに、上体はやや深く倒
れ、膝は外に開く。
これが次のレップの準備
になります。

ヒンジとスクワット

　スイングでは、ケトルベルの高さを肩まで挙げることが求められます。

　たとえばワンアーム・スイングを左右10回ずつを、30秒程度の休憩を挟んで５セット行うという場合、終盤の２、３セット目になると疲労でケトルベルが肩の高さまで振り挙がらなくなることがあります。

　こうした場面で２段式スイングを行うことで、ケトルベルを振り挙げるパワーを補うことができます。

　また、普段より一段階重いケトルベルで、より大きな負荷を身体にかけて、新しい刺激を身体に与えようとする場合、肩の高さまで振り挙がらないことがあります。この場面でも２段式スイングを利用できます。

　他にも、高重量や高回数のスナッチを練習する場合に、２段式スイングを応用することで、ケトルベルが振り挙がる高さを稼ぐこともできます。

　２段式スイングは、トレーニングの幅を広げることができるテクニックなのです。

　ただ、スイングにスクワットの要素を取り入れることには注意が必要です。

　私の前著『ケトルベル マニュアル』では、スイングにおけるヒンジ動作とスクワット動作を混同せずに、明確に区別することの重要性を説明しています（『ケトルベル マニュアル』75ページ、139ページ）。それは当時、膝の屈伸を使ったスクワットでスイングする間違いが盛んに見られたからです。

　スイングの主な動力は、股関節によるヒンジ動作です。これを間違えて、膝関節によるスクワット動作を主動にしたスイングを行うと、ケトルベルを加速するどころか、ブレーキをかけることになります。

　また、膝が前に出やすいスクワット動作では、負荷が膝に集中して故障の原因になりますし、腕の力に頼った動きになります。

　そのため、スクワット式のスイングは繰り返し続けて行うことは難しく、本来のスイングに期待される成果（瞬発力と持久力を併せ持った筋肉と身体の使い方など）が得られなくなります。

　ですので、通常のスイングの練習の中で、ヒンジ動作によってケトルベルが振り挙がる感覚を十分に掴んだ後で、２段式スイングを行うとよいでしょう。

関連する話として、もう1つ注意したい事例を挙げます。

それは、膝を固定して極端なヒンジ動作だけでスイングをしようとする「水飲み鳥スイング」と呼ばれる現象についてです。最近のケトルベルインストラクターコースでも「水飲み鳥スイング」を修正する内容がありました。

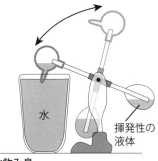

水飲み鳥
内側の揮発性の液体が気化と液化を繰り返すことで、振り子運動を続ける

水飲み鳥は、固定された支点を軸にして、お辞儀するように水を飲み続ける玩具です。「水飲み鳥スイング」は、この玩具のように膝の屈伸動作をせずに、上体を倒したり起こしたりする「上半身駆動」の間違ったスイングです。これもヒンジ動作であるとは言えますが、膝をまっすぐにしたままでは背中へ過度な負荷をかけ、脊柱の廻りの筋肉を硬直させたり、傷めたりする恐れがあります。

こうしたスイングを修正するためにインストラクターコースで上げられたキーワードは、振り下ろす際に「後ろへ座る」「スクワットする」でした。上半身駆動でスイングする「水飲み鳥」から下半身駆動でスイングする本来のスイングへ修正するのです。

スイングではヒンジ動作が主な動力ですが、膝は固定されてまったく働いていないわけではありません。スイングの動作に合わせて若干前後に動きます。2段式スイングは、その膝の働きを強調することで、補助動力として利用しているのです。

スイングに指導においては、膝を曲げることを忘れて上半身を前に傾けてしまう「水飲み鳥スイング」の人には、スクワット気味にスイングをするように教えます。

逆に、膝の曲げすぎや、膝の曲げ伸ばしで挙げようとする「スクワット式スイング」になっている人には、ヒンジ動作を強調して教えます。

正しく膝を曲げたヒンジ動作ができている人が、高回数のスイングで疲弊しきったときなどに補助的に少しだけスクワットの要素を加えるのが「2段式スイング」であり、上級者向けの動作です。

3 スイングのペアドリル

潜在意識に問いかける

「忘れる」は人間の欠点です。いったん身につけたコツも、使わないうちに忘れてしまい、「前はできたのに、なぜ?」と、理由さえわからないようになるものです。

もう一度、思い出すには、どんな方法があるでしょうか?

言葉などでの声掛けは記憶を呼び起こすための助けにはなりますが、それは顕在意識でのことだけで、動作の感覚までは思い出せないことがよくあります。この場合、顕在意識に働きかけるよりも、潜在意識に直接働きかけて、身体に思い出してもらったほうがよいようです。

私のケトルベルのクラスでは、グループ単位でトレーニングを行う際に、二人一組で行うペアドリルを実施しています。

パートナーに身体に直接問いかけてもらい、潜在意識で応えることで、忘れていたコツを身体が思い出すのです。このとき、顕在意識が「なぜ、再びできるようになったのか?」を意識するまでもなく、潜在意識が動きを導いてくれています。

Part.1 でお話ししたように、ドリルは言葉では表現しづらく、伝わりにくいようなコツや感覚を伝えるために有効なコミュニケーションの手段です。ドリルの体験を通して、伝えたい感覚を体感させ、それを種目の動作の中で適用してもらうのです。

こうした特徴から、上記のように忘れてしまった感覚を呼び覚ますためにも有効であるというわけです。

できていた感覚を忘れてしまう、というのは、潜在意識への教育がまだ不十分な状態であるといえます。そこで、ドリルで体感する→忘れる→ドリルで思い出す→忘れる→ドリルで思い出す……、と繰り返していくことで、重要なコツが潜在意識に定着していくことを期待しているのです。

焦点を絞って行うこと

　本書で紹介するペアドリルには、「**テンションを高める**」「**リラックスする**」「**オーバースピード・エキセントリック**」の３種類があります。

テンションを高める

　パートナーに負荷を加えてもらい、それに抵抗することで、狙った運動単位を活性化します。

リラックスする

　パートナーに筋肉を揺らす、伸ばすなどの刺激を与えてもらい、余分な力みの消えた感覚を体感します。

オーバースピード・エキセントリック

　パートナーの助力によってケトルベルを加速してもらい、その勢いを制御し、受け止める感覚を体感します。

　注意点としては、一度に複数種のドリルを使うことは、逆効果になることがあるので、３種類のうち、１セットにつきいずれか１つを活用するようにしてください。
　力を要するときにテンションを高めるドリル、疲弊が著しいときはリラックスするドリル、そして負荷を高めたいときにはオーバースピード・エキセントリック、と使い分けるとよいでしょう。

テンションを高めるペアドリル

セットアップ位置で下半身を揺らす

　セットアップをし、ウェッジを行った後に、パートナーが膝や太腿を前後左右に揺らします。

　足裏を踏みつけて、その揺れに10秒ほど耐えた後、パートナーが横へ退避したのを確認してからスイングを行います。

　揺れに対して、最初に無意識に力を込める（テンションがかかる）部分が、スイングの支点となる足裏から膝の部分です。力を込めた筋肉以外は、比較的リラックスして、無駄な力みが抜けます。

　揺れに耐えたテンションを身体で覚え、その感覚をスイングに適用することで、よりスピードのついたスイングに仕上がります。

　ペアドリルの中ではこれが一番顕著に効果が出ました。とくに取り入れてもらいたいドリルです。

　これを単独で行う場合は、強度のあるゴムバンドを柱や頑丈な家具などに固定し、膝に括り付けて前後左右に揺さぶります。

　片方だけでも効果がありますので、直後にスイングを行ってみましょう。

セットアップ位置で腕を揺らす

　とくにワンアーム・スイングのセットアップで行うと効果的な方法です。

　セットアップをし、ウェッジを行った後に、パートナーが上腕を前後左右に揺らします。

　腹部と広背筋を固めることで揺さぶりに耐えてください。上腕は柔らかく、体幹を固めることがポイントです。

　その揺れに耐えた後、パートナーが横へ退避したのを確認してから、スイングを行います。

　肩や上腕にテンションが残っているので、肩をパックした状態でのスイングが実現します。

セットアップ位置で下半身を揺らす

自分で膝を揺さぶる

膝を揺さぶる

揺れに耐える

ゴムバンド使用
拙宅では懸垂台があるので、これに結びつけています。

セットアップ位置で腕を揺らす

腕を揺さぶる

揺れに耐える

コアアクティベーションドリル

　スイングに加速力を付けたいときに行う、腹部に力を込める運動です。

　仰向けに寝て、同じ側の肘と膝、あるいは対角の肘と膝をつけます。

　パートナーは、その肘と膝を引き離そうとしますので、これに耐えてください。

　そのテンションを維持したまま、スイングを行います。

ウェッジ確認ドリル

　セットアップ時のウェッジを確認するドリルです。

　セットアップで背中が丸まっている状態で、パートナーはケトルベルを手で床へ押しつけます。

　ウェッジを行って背筋をまっすぐにし、腰の位置を下げます。

　ウェッジが正しくできていれば、パートナーの圧力に屈することなくケトルベルが浮きます。

　その後、パートナーが退避したことを確認してから、スイングを行います。

ウェッジ確認ドリル

1

ケトルベルを
床に押しつける

コアアクティベーションドリル

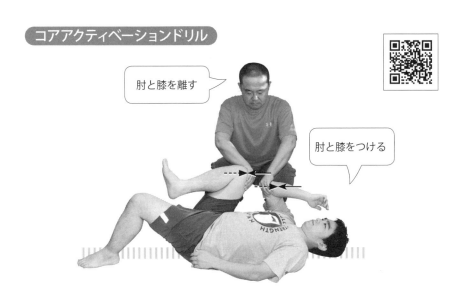

肘と膝を離す

肘と膝をつける

ウェッジを行う

2

ケトルベルの
底面が浮く

リラックスドリル

両腕、両脚を揺らす

　テンションの高い動きを継続すると、次第に疲労が蓄積し、関節の可動域が硬くなります。その場合、優先されるのは、さらなるテンションではなく、リラックスです。このドリルはミリタリープレスでも効果的な手法です。

　このドリルを、パベル・ツァツーリンが『ファスト＆ルース（Fast & Loose）』という DVD で「ロシアのリラックス方法」として紹介しています。

　普通のストレッチでは伸ばしすぎによってかえって筋肉を緊張させる懸念があります（35 ページ「筋紡錘」参照）が、揺らすことで筋肉の緊張をほぐすこの手法ではその心配がありません。

　仰向けになり、パートナーが両脚を抱えて、前後左右上下、様々な方向に揺らします。

　次に、左右の腕をそれぞれ持って同様に揺らします。このときのパートナーの立ち位置は顔の真横くらいです。大きく揺らすのではなく、貧乏ゆすりをイメージして、小さく素早く揺らしてください。

　両腕両脚からある程度のテンションが抜けた後にスイングを行うと、ケトルベルが軽く感じることができるでしょう。

　また、1 人で行う場合は立位で腕や脚を脱力し、高周波数で揺らしてください。

胸椎、肩関節、腸腰筋のストレッチ（ダウンワードドッグ）

　スイングを継続すると胸椎の可動域が狭まります。

　そこで胸椎の旋回を促進するストレッチで身体をほぐします。パートナーに押してもらうことで、より可動域が広がります。

　また、肩関節の可動域を広げることでスイングでかかる負荷を軽減することが可能です。

　ストレッチ後にスイングすると、ケトルベルが軽く感じられます。

両腕、両脚を揺らす

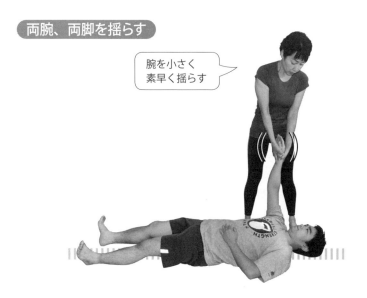

腕を小さく
素早く揺らす

胸椎、肩関節、腸腰筋のストレッチ（ダウンワードドッグ）

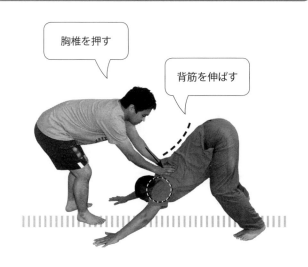

胸椎を押す

背筋を伸ばす

オーバースピード・エキセントリック

肩の高さのオーバースピード・エキセントリック

パートナーに肩の高さでケトルベルを押してもらい、ケトルベルの落下速度を高めます。これを受け止めることで、身体に波及する力を増幅させます。

スイングでケトルベルが肩の高さに至った瞬間に、横に立ったパートナーがケトルベルを下へ押し返します。

腰の高さのオーバースピード・エキセントリック

下半身の動力を上半身へ伝達する前にケトルベルを押し返すことで、スイングを下半身動力主導に変えます。

スイングでケトルベルが腰の高さに至る前に、横で片膝をつくパートナーがケトルベルを下へ押し返します。

腰の高さでのオーバースピード・エキセントリックは、本書で紹介するペアドリルの中で、最も苦しいドリルです。スイングは腰の高さまでに最大出力を発揮するため、そこで押し返されることで腹部に大きな負荷がかかります。

これはどのタイミングで最大出力が発揮されるか認知できるドリルであるだけでなく、腕でケトルベルを振り挙ようとする動作を是正するもので、次節「4．よりよいスイングとは？」に繋がるドリルです。

なお、このドリルについてはツーアーム・スイングで行ってください。ワンアーム・スイングで行うと、膝を直撃する危険があり、また勢いがついたケトルベルを片手で維持できずに手から放を放してしまう恐れもあるので、必ず両手で行いましょう。

肩の高さのオーバースピード・エキセントリック

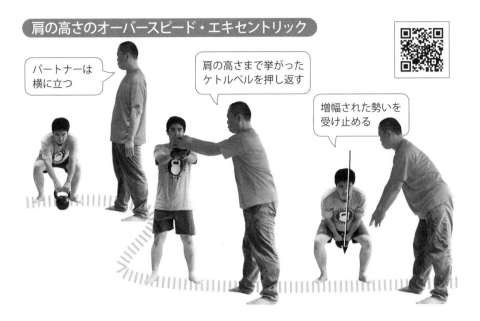

パートナーは
横に立つ

肩の高さまで挙がった
ケトルベルを押し返す

増幅された勢いを
受け止める

腰の高さのオーバースピード・エキセントリック

パートナー横で
片膝をつく

腰の高さまで
挙がった
ケトルベルを
押し返す

増幅された勢いを
受け止める

4 よりよいスイングとは？

旧ソ連軍で軍曹が新兵にスコップで穴を掘らせていた。休憩時間になる様子がまったくないので、新兵が「休ませてください」と音を上げた。

すると軍曹は言った。

「よろしい、ではスコップで土をもっと遠くへ放りなさい。土が宙を浮いている間は休んでよろしい」

パベル・ツァツーリンの話より

パワーのあるスイングの感触

私はデバイスとアプリでスイングの出力を測定しましたが、そのようにせずとも、パワーのあるスイングができているかは、感覚的にもわかります。スイング中に"楽な瞬間"が訪れるのです。

私のスイングは通常で1500ワット台、"楽な瞬間"があると2000ワットを突破することがあります。

逆に、パワーが出ていないスイングでは動作全体に力がこもっていて"楽できる瞬間"がほとんどありません。これが私の場合、40kgのツーアーム・スイングで1200ワット前後の数値として表れています。

よいスイングでは、下半身の動力でケトルベルが動きます。そして、ひとたび膝が伸びきった後は、ケトルベルが勝手に浮いていく"楽な瞬間"があるのです。

ケトルベルのワークショップの生徒が、陸上競技の選手をしていたころにコーチから「ハードルは飛んでいる時が休憩」と教わったそうです。

ケトルベルもこれと同じです。浮いているのを楽しみましょう。**浮いている瞬間に楽をしましょう。**

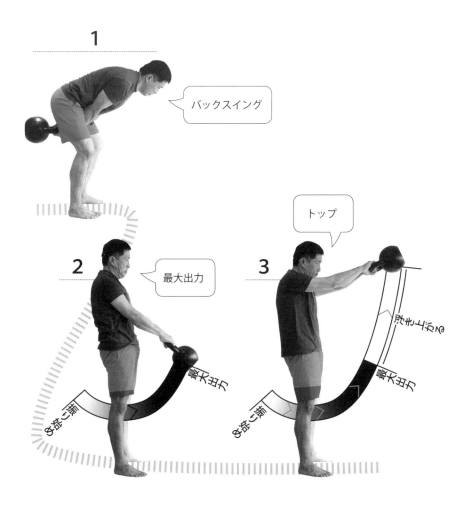

バックスイング

トップ

最大出力

写真1から2までは自ら動力をケトルベルに与える。
膝が伸びきり、股関節の伸展が終わった姿勢（写真2）の時点で最大出力となり、
その後はケトルベルが勝手に浮いていく"楽な瞬間"が訪れる。

....

タオルドリル

"楽な瞬間"があるスイングへの理解を深めるために、タオルドリルを取り入れてみましょう。

ケトルベルの代わりにタオルを両手で持って、スイングとまったく同じ動作をし、立ち上がった瞬間に静止するのです。そのときに、タオルがどの高さで止まったかを確認します。

1．タオルを両手に持って肩幅で立つ

2．バックスイング

3．スイングで立ち上がった瞬間に静止する

このときに、タオルがどの高さで止まったかを確認してください。

タオルの下端がだらっと垂れ下がっているなら、腕でケトルベルを引きあげていることになります。これではいけません。

タオルの下端がウエストの高さに床と並行に揃っているなら、腕で引きあげていない正しい状態です。

タオルを高く引きあげることが癖になっている場合、このドリルを何度か繰り返し、低くなるまで繰り返しましょう。

スイングでタオルがウエストの高さに揃ったら、その動きを身体で覚えたまま、ケトルベルを持ってスイングしてみてください。

ケトルベルがスッと浮く感触があり、その間は身体に力を込めないでおくのが目標です。

私がこれを行ったところ、200～300ワットほどパワーが向上しています。

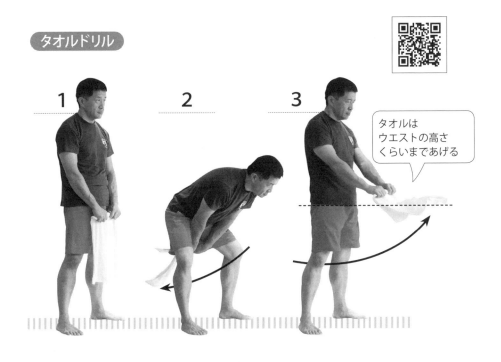

1　2　3

タオルは
ウエストの高さ
くらいまであげる

NG例

✕
腕であげ過ぎ

✕
腕と上半身で
あげている

スイングが効いているバロメータ

　客観的なフォームのチェックポイントは、次の3つです。

> **A）** 下半身の動力だけでケトルベルが浮き、肩の高さで浮遊している。
>
> **B）** 肘がまっすぐであること。
>
> **C）** 身体が反っていないこと。くるぶし、膝、骨盤、肩、頭が一直線にそろっていること。

　ただし、鏡を見ながら自分でチェックすると、フォームが崩れたり、自分の感覚への意識が薄れたりします。あくまでも自分の感覚でこれらのチェックポイントを確認するようにしてください。

　骨盤周辺の筋肉痛や広背筋の張りなども効果の目安になりますが、慣れてくるとこれら筋肉痛が発生することも少なくなります。

勢いを前方へ！
　上方向へ振り挙げがちなスイングですが、そうではなく腰で作った勢いをケトルベルに伝え、振り上がったときの力の方向は前へ行かなければなりません。
　浮いたケトルベルの勢いを前方向へ誘導する。これが意外に難しいのです。
　もちろん、意識的に腕で方向を整えようとしてしまうと、かえって勢いを相殺してしまいがちです。ここはスキルと経験を要します。

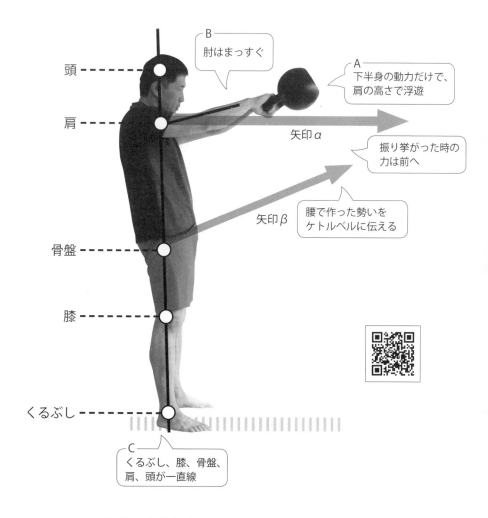

頭

肩

B
肘はまっすぐ

A
下半身の動力だけで、
肩の高さで浮遊

矢印α

振り挙がった時の
力は前へ

腰で作った勢いを
ケトルベルに伝える

矢印β

骨盤

膝

くるぶし

C
くるぶし、膝、骨盤、
肩、頭が一直線

フォームのチェックポイント A、B、C は、
動作中の感覚で確認してください。

図中矢印α、βは、感覚的な力の方向性を示しています。
肩から伸びる矢印αは、上ではなく、前へと伸びます。
腰から伸びる矢印βは、前斜め上へと伸びていきます。
いずれも実際のケトルベルの位置よりもずっと前を意識しています。

回数と効果について

　セットアップをしっかりして、ウェッジで身体を足裏と重量の間に凝縮して効率化させる。そうした集中力を高めたスイングは、1セットあたりの回数に限界があると私は考えています。

　ツーアーム・スイングやワンアーム・スイングの1セットあたりを5〜10回にとどめる。もしくは1セットを30秒以内にとどめる。このくらいの回数や時間がトレーニングを効果的に維持できるラインだと思います。

　多くの場合、これ以上の回数になると、フォームが乱れてくるばかりか、パワーも速度も下降線をたどっていくからです。

　もちろん20回、30回連続で行ってよい場合もあります。心肺機能や持久力のトレーニングとして、軽めのケトルベルを使う分には問題ありません。

　ただ、中程度から高重量のケトルベルで高回数を行うと、本来収縮しては困る筋肉に負担がかかることになります。とくに「緊張筋」と呼ばれる筋肉群（梨状筋、腰方形筋）は、収縮しきると元に戻すのが困難な筋肉です。

　緊張筋が固まってしまうと、姿勢が悪くなる、あるいは肩が凝り始める、深層部分の筋肉が痛くなるなどの弊害につながることがあります。

　20回、30回の高回数を行うとしてもあまり頻繁にせず、週1回以上の間隔を置くことを推奨します。

Part.3
ミリタリープレス
ver2.0

ケトルベルが問う。
「我を挙げる資格があるのか」と。
資格とは、健全なる肉体か、鋭敏なる感覚か、
卓越した技術か、恐怖に打ち勝つ勇気か……。
挙げるケトルベルが高重量になるほど、
そのすべてが試されるだろう。
超えろミリタリープレスの壁！

1 安定したミリタリープレスへ

安定性と再現性の追求

「最低限体重半分重量のケトルベルをミリタリープレスできなければ、エリートとはいえないぞ」

——パベル・ツァツーリン

　2009年頃のケトルベルの認定コースレベル2に、体重半分重量のミリタリープレスが突如加わったときは、さすがに慌てました。それまで挙げていた32kgから、目標重量が40kgや44kgに飛躍したのです。

　以後数年にわたり、認定コースのミリタリープレスのテストに対応すべく、私はひたすらミリタリープレスの練習を続けました。

　ミリタリープレスは、トレーニングを行う者にいくつもの苦悩を与えます。だがそれゆえに、気づきもたくさんある種目です。

　まず、多くの人に利き手があるので、左右で挙げられる重さが異なることが多いでしょう。私の場合は、右手では最高44kgのケトルベルを挙げたことがありますが、左手では36kgまでしか挙がりません。ミリタリープレス以外の種目でも、左側に自信が持てず、左右でケトルベルを持つ感覚がまるで別物のようです。

　また、結果が安定しないことも、多くの人が苦悩するところです。左右どちらにせよ、挙げ方も結果もバラツキができやすく、常に最高重量が挙がるわけではありません。高重量になるほど再現性は低くなります。

　このことがミリタリープレスにおける難しさであり、それを乗り越えるためのスキルの習得が、ミリタリープレスを一歩先に進めるための、重要な鍵になるはずです。

よいミリタリープレスのための課題

姿勢を正す

姿勢の追究こそが、ミリタリープレスの醍醐味の1つ。手に持ったケトルベルが"姿勢を崩しにかかる"のに対し、どのように適切に身体を処するかが課題になります。

テクニックを熟知する

ごく短時間で終わる動作のなかに、テクニックが集約されています。

動作のタイミングを極める

下半身からの反動が得られないため、動作のタイミングが非常に難しいのです。とくに後述する「スティッキング・ポイント」を乗り越える際の支点の移行が重要になります。

呼吸を正しく使う

とくに高重量のケトルベルの場合、呼吸のタイミングを誤ると、挙がらないことがあります。呼吸で使われる筋肉群が、体幹の安定と、肩の動きに深く関わっていることは、スイングの章で説明したとおりです。

健全な肩関節を保つ

健全な肩がなければ重いケトルベルは挙がりません。より重い重量への準備＝健全な肩作りです。

脊柱に負担をかけない

脊柱とその周辺の筋肉は、大きな負荷に長く耐えられるようにはできていません。また、経験した負荷を覚えることも、適応することもありません。

脊柱に負荷をかけながらでも、気合とアドレナリンの力で高重量を挙げられることもありますが、それはやはり身体に優しくなく、かつ再現性の低い方法ですからお勧めしません。

スティッキング・ポイントを乗り越える！

スイングの要領で挙げたケトルベルを胸に収め、ラックポジションになる。そして、ラックポジションから無反動で、ケトルベルを頭上に挙げて肘を伸ばし切る。

これがミリタリープレスの流れです。

多くの人にとって障壁となるのが、「スティッキング・ポイント」で、高重量になるほど、ここから挙がらなくなる人が多くなります。

スティッキング (Sticking) とは「ひっかかる」という意味で、スティッキング・ポイントとは「停滞箇所」のことです。

ケトルベルが目から額の高さに達し、これ以上肘を伸ばすとケトルベルが正中線から離れていき、身体のバランスが崩れ始めるポイントがあります。ここがスティッキング・ポイントです。

身体のバランスが崩れ始めると、人体は力を発揮できなくなるので、高重

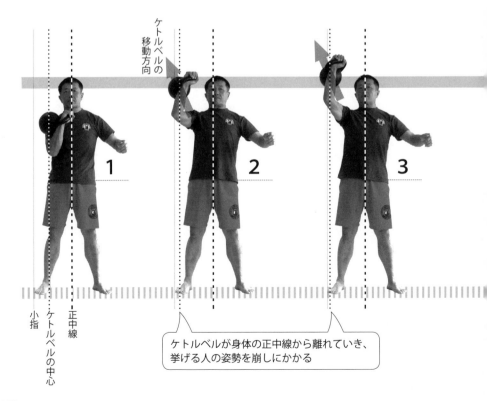

ケトルベルの移動方向

1　2　3

小指

ケトルベルの中心

正中線

ケトルベルが身体の正中線から離れていき、挙げる人の姿勢を崩しにかかる

量の場合、スティッキング・ポイント以降、肘を伸ばすことが困難になります。

　このスティッキング・ポイントで起きている現象について、見方を変えると、「ケトルベルが挙げる人のバランスを崩そうとしている」状態です。

　さらに厄介なことに、ケトルベルは重くなるに従って直径が大きくなるため、ケトルベルの中心が身体の正中線から離れていきます。つまり、ケトルベルの重量が上がれば、重さと相俟って、ますますバランスの維持が難しくなるのです。

　このスティッキング・ポイントを乗り越えるためのいくつものテクニックが、高重量を扱う上級者には求められます。しかも、動き自体は1秒から1.5秒ほどの間で行われるため、人間の顕在意識で理解して、分析して、解決できるほどの時間はありません。

　ですから、潜在意識でクリアできるように、トレーニングを工夫しなければなりません。本書で仕組みを理解した上で、実践を繰り返してください。

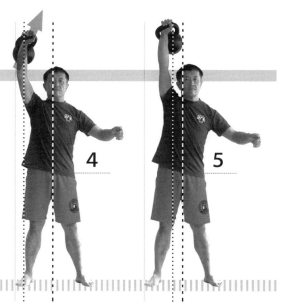

目から額の高さ
（スティッキングポイントが
訪れやすいエリア）

写真1〜3では、ケトルベルが身体の外に離れていく。3の時点が最も外側にあり、身体の重心を正中線から引き離そうとする。
落下の恐れがあるので、これ以上肘を伸ばすのが難しくなる。

グリップの確認

　ケトルベルを握るハンドルの位置は主に２通りありますが、私はその中間を使うことがあるので、３種類（右ページＡ、Ｂ、Ｃ）を紹介します。

　たかがグリップですが、数ミリ変わっても挙げるために動員する運動単位が変わってくるので、脳や筋肉にとっては大きな変化です。挙げたことのある重量であっても、グリップの違いで挙がらなくなることもあります。

　まず、ＡかＢのどちらか一方で挙がるようになった後、同じ重量を（ＡかＢの）もう一方のグリップで変化を感じます。そして、ＡとＢの感触をある程度覚えてから中間型のＣを行うと、違いがわかってくるかと思います。

　回数やセット数を増やす前に、まず異なるグリップでトライしてみましょう。たとえ同じ重量でも、３つの異なるグリップを使って挙げることで、重さの異なる３つのケトルベルを使って練習をすることに匹敵します。

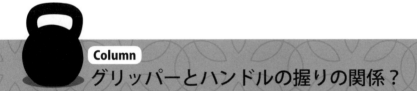

Column
グリッパーとハンドルの握りの関係？

　私は「１グリップ１ミリタリープレス」をモットーに、ミリタリープレスを１回する前に、握力強化用のグリッパーを１回は必ず握るようにしています。これは握力を鍛えるためだけでなく、感覚受容器として手のひらを刺激するためでもあります。

　そのグリッパーを握る際の位置と、上記のケトルベルハンドルのグリップＣ（中間型）の位置が同じであることに気づきました。握る位置＝ミリタリープレスの位置と断定するのは早計かもしれませんが、どこかに共通点があると信じています。

　試してみると、グリップＡとＢでは、グリッパーを強く握ることができません。もしグリッパーをお持ちならば確認してみてください。

A) 手のひらに対して真横にハンドルを握る

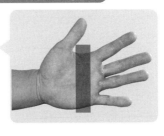

上腕二頭筋などを刺激して動員する

B) 袈裟のように斜めにかけて握る

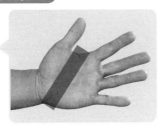

最も疲れない自然な方法。
尺骨側(小指側)に荷重がかかる

C) 中間型

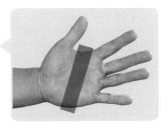

AとBの中間。尺骨側に乗ることで支えが効き、
また上腕二頭筋が過度に動員されない

クリーン

　クリーンは、スイングの動作に加えて、肘を肋骨の高さで手前に引き付ける動きで成り立ちます。

　まれにスイングがしっかりできているにもかかわらず、クリーンではバックスイングせずに振り挙げようとする人がいます。スイングとクリーンがまったく別な動きになっているのです。

　クリーンで振り挙げる動作の基本はスイングです。ウェッジのあるセットアップと、丁寧なバックスイングを心掛けてください。

1．セットアップ＆ウェッジ

　スイングで行ったのと同様に、セットアップに時間をかけて、ウェッジを確認してください。

2．バックスイング

　バックスイングもスイングと同様です。前腕を内股に勢いよく当てるように、バックスイングします。

3．スイングと同様に振り挙げる

　ケトルベルを胸の高さで引き付け、肘をケトルベルの下へ入れます。

4．ラックポジションになる

クリーンから下ろす場合の注意点

　ケトルベルが原因とされる腰痛の大半は、クリーンで下ろすときの姿勢に起因していると考えられます。ケトルベルを下ろすときは気を抜きがちですが、ここが最も危ないところです。

　腹腔圧で腹部を固めた状態で下ろし、必ず後ろへバックスイングしてから床へ戻しましょう。

ケトルベルが身体に衝突する原因

　クリーンの際にケトルベルに勢いがつきすぎて身体に衝突すると、その後の動作も難しくなります。クリーンしたときに直立不動の姿勢であることが、次に続く挙げる動作の前提になります。

　ケトルベルが身体に衝突する原因は、身体にケトルベルを引き寄せているときに肘が浮くことです。

NG

× 肘が浮いている

× ケトルベルが衝突して、姿勢を崩してしまう

　肘が浮かないようにするには、スイングから肘を引きつける動き（右ページ）を繰り返してください。その後にクリーンを行ってみましょう。

1．セットアップからバックスイング

2．スイングで振り挙げる途中でケトルベルを引きつける
　肘を肋骨へこすりつけるように後ろへ引いてください。これがケトルベルの過度な浮遊を防ぎます。

3．通常のスイングの要領で繰り返す

スイングから肘を引きつける動き

1

2

胸の高さで
引きつける

勢いで
ケトルベルが浮く

3

振り下ろして
繰り返す

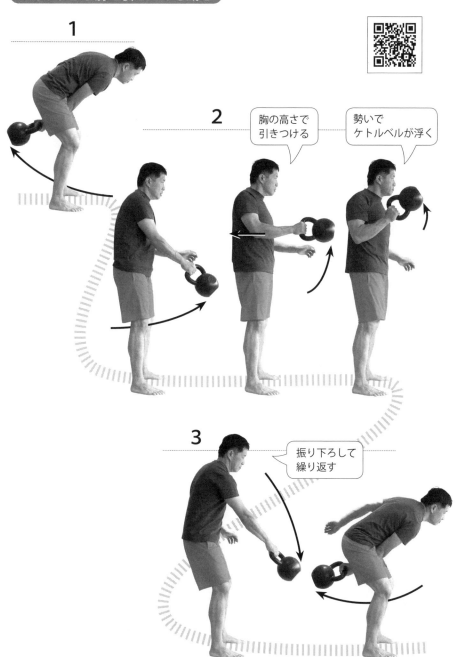

ラックポジション

　クリーンの後、ケトルベルを胸元に収容したラックポジションは、挙げる前の発射台です。

　このとき、ケトルベルが大きく重くなるほど、重心が外方向に偏っていきますので、バランスも変わっていきます。

　ここでは、固める部位と緩める部位、確認点を上げておきます。

....

固める部位

- ・腹部を固める
- ・臀部を固める
- ・膝をまっすぐに

　胸から下の部位のすべてをテンションで固めますが、とくに上の3点を意識してください。どこかに緩い箇所があると、ケトルベルを挙げる際に、その緩みが力を吸収してしまいます。

....

緩める部位

- ・三角筋
- ・顔の筋肉

　力を入れずに緩める箇所は、三角筋、顔の筋肉です。

　三角筋はミリタリープレスの初動で作用する筋肉、ラックポジションで緊張させていると、挙げる前に消耗してしまいます。

　顔の筋肉の緊張は、首の筋肉を固め、肩のテンションに影響します。

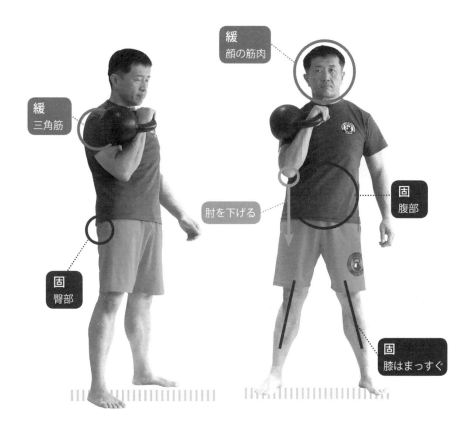

緩
顔の筋肉

緩
三角筋

肘を下げる

固
腹部

固
臀部

固
膝はまっすぐ

確認点

- 背筋をまっすぐに維持したまま、肘を極限まで下げる。
- 前腕は床に対して垂直な状態をイメージして、ゆとりがあれば肘を少し内側へ寄せる。
- 挙げる際、肘の直下に骨盤を寄せる。骨盤をケトルベルの直下にすると安定する。また、臀部を引き締めて骨盤を上に突き上げるようなイメージで、肘と骨盤を寄せるる。
- 重心をケトルベル直下の足裏に移動する。右手でケトルベルを持つなら、足裏の重心を右側に置くとよい。

挙げる

初動

　ミリタリープレスの初動では、まず脚と体幹にテンションが入り、次に上腕を前へ挙げる動作に三角筋が動員されます。

　三角筋前部が収縮することで、肩の高さまで上腕が挙がります。この過程で肘も少しずつ伸びていきます。

　肩の高さでは、主に三角筋、僧帽筋、前鋸筋が動員されます。

　初動からスティッキング・ポイントになるまで、胸を突き出す動作が連動して行われます。

初動：肩の高さまでは三角筋主導

ラックポジション　　1　　　　2

三角筋 ┌ 前部……
　　　├ 中部……
　　　└ 後部……

主に使用される筋肉

①三角筋前部：上腕骨を持ち上げる（屈曲）
　（他にも烏口腕筋、大胸筋上部）

②僧帽筋下部：肩甲骨を引き下げる（下制）

③前鋸筋：肩甲骨を引き下げる（下制）

3

4

スティッキング・
ポイント

スティッキング・ポイントのブレークスルー

　肘が肩の高さを通過したところで、上腕骨を肩の高さまで挙上する三角筋の動作が終わり、上腕三頭筋主導に代わります。

　肘を少しずつ伸ばし、上腕骨を肩へ差し込むようなイメージになります。

　このタイミングから、ケトルベルが次第に体の中心線から離れていき、上腕三頭筋の収縮つまり肘を伸ばす動作に限界がくるので、今度は体幹の傾きで調整し、ケトルベルを身体の中心線付近に維持します。

「ケトルベルではなく、自分が下がってケトルベルから遠ざかっていく。ただし膝をまっすぐにキープすること」

──────パベル・ツァツーリン

スティッキング・ポイントのブレークスルー

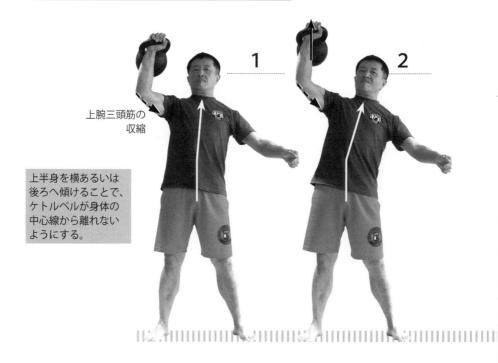

上腕三頭筋の
収縮

上半身を横あるいは
後ろへ傾けることで、
ケトルベルが身体の
中心線から離れない
ようにする。

1

2

肘の伸展は荷重がそれほどかかることなく、上腕三頭筋のみの動作といわれています。

肘を伸ばす動作の妨げとなる要素は筋力や負荷ではなく、ケトルベルが中心軸から離れる、広背筋や腹筋群等が緩む等を原因とするバランスの崩れです。

ゆえに、上腕三頭筋単独に依存するこの段階になった場合は、できるだけ素早く挙上することが好ましいのです。

①

⋯⋯⋯広背筋

⋯⋯⋯腹筋群

主に使用される筋肉
①上腕三頭筋：腕を伸ばす（肘の伸展）

②広背筋と腹筋群（スタビライザーとして）

3

4

オーバーヘッド
ロックアウト

身体を傾ける動きと挙上のタイミングについて

　スティッキング・ポイントを突破するために、身体を横あるいは後ろへ傾けますが、その際の注意点を述べておきます。

タイミング

　身体を傾けてから肘を伸ばすのではなく、傾けると同時に肘を伸ばしていきます。

膝をまっすぐに

　肩や腕が安定した力を発揮するには、体幹と脚を意識して安定させることが重要です。

　膝をまっすぐにして床を思い切り踏みつけることで、下方向への出力を意識してください。スイングと同様に足裏を思い切り踏み込むのです。

腰椎を反らせない

　身体を後ろへ傾ける場合、腰椎を反らせないように注意してください。

　胸を上に向けながら、臀部のさらなる引き締めで後ろへ傾くようにしてください。

　そして、挙げるにつれて腹筋群に力を入れて肋骨を引き下げましょう。意識して腹筋群を動員することは難しいので、思い切って声を出して息を吐くとよいでしょう。

思い切った呼気で腹筋群を使う

　高重量のバーベル・ミリタリープレスで100kgを3回挙げている映像を見たことがあります。スティッキング・ポイントに達した際に、どのようにしているのか確認したところ、タイミングよく腹筋群で肋骨を下へ引く動作が認められました。これは横隔膜収縮と腹筋群膨張によって行われています。

　スティッキング・ポイントに達しても、そのまま押し通すつもりで肘を伸ばし続けてください。そして、大声で「ハッ！」と叫んでください。思い切った呼気で横隔膜の収縮を維持することで安定化を図ります。そのタイミングで勢いよくケトルベルを挙げます。

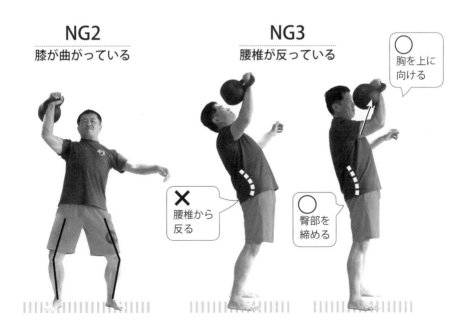

NG1
身体を傾けるタイミングが早い

NG2
膝が曲がっている

NG3
腰椎が反っている

〇 胸を上に向ける

✕ 腰椎から反る

〇 臀部を締める

本書では、口から息を逃さないパワー呼吸よりも、勢いよく息を吐いて腹腔圧を高める呼吸方を推奨しています（52 ページ参照）。

呼吸を変えるだけで、どれだけの違いがあるのか、実際に測定してみました。すると、以下のように左右ともに顕著な増加が見られました。

ミリタリープレス 重量	パワー呼吸の 最大出力（ワット）	腹腔圧の 最大出力（ワット）
右 24kg	164	291
左 24kg	218	281

私が指導しているクラスで呼吸法を変えたところ、これまで左側で挙がらなかった 32kg が 2 回挙がったという成果が生まれました。

スイングの章で説明した腹腔圧仰向けドリルを取り入れて呼吸方法を習得し、その直後にミリタリープレスを行ってみてください。

加速させる

5 回連続で挙げられる重量で、掛け声を出して腹部を固めながら挙げてみましょう。より加速したミリタリープレスになります。こうすることで、より多くの運動単位を動員する、あるいは異なる運動単位を動員することを、身体が覚えてくれます。

加速する意識を持つと、腕や首周辺にテンションがかかって逆に遅くなることがあります。膝を伸ばしたまま足裏を踏み込むことと、声出しに集中しましょう。

人は手を挙げることを求めている？

「勝利を手にしたアスリートのガッツポーズ」
「合格した受験生の万歳」
「観客の興奮を煽るミュージシャンが掲げる拳」

　人は、成功や勝利を収めたとき、あるいは自分や誰かを奮い立たせるとき、なぜか手を挙げます。そのアクションは、人間の本能から来ているようにも思えます。

　感情が昂ぶるから手を挙げるのか、手を挙げるから感情が昂ぶるのか、そのどちらともいえます。不思議なことに、腕の挙上と感情の昂ぶりは、本能で繋がっているのかもしれません。

　翻って、ケトルベルをはじめする、高重量を頭上に挙げる動作。ここにも挙上と感情の繋がりを垣間見ることができます。

　重量を頭上に挙げたときには達成感が得られますし、今まで挙げられなかった重量が挙がれば、自分の成長を感じることができます。

　人は頭上に手を挙げていることを求めている。そんな節があるようです。

　反対に、腕が挙がらなくなったときには、「四十肩」「五十肩」といって、自分の衰えを実感するのです。衰えへの実感は、チャレンジ精神までも衰えさせ、成長への意欲も低下させてしまうでしょう。

　ケトルベルの究極の目的は、できる限りの高重量を頭上に挙げることです。そこには常に成功に向けて上り坂をのぼり続けようとする意欲が込められているように思えるのは考えすぎでしょうか？

　重量を頭上に挙げられる、柔らかく健全な肩と、バランスの整った体幹をつくり、よい状態を維持することは、肉体も精神も衰えさせないためにも、非常に重要なことなのです。

ダブル・ミリタリープレス

　ダブル・ミリタリープレスのテクニックは、通常のミリタリープレスとほとんど変わりません。ただ、ダブル・ミリタリープレスの荷重は、ケトルベル1つのときよりも当然、高くなります（24kg2つであれば48kg、32kg2つでは64kg！）。

　また、重量が重くなるにつれて、ケトルベルが体勢を崩そうとする力も、身体にかかる荷重も中心から外側に移動していきます。

　すると、体幹を維持するための腹腔圧が足りないと、ケトルベルが支えきれなくなり、挙げる前に脳と身体がギブアップすることになります。

　そのため完璧な腹腔圧と、柔軟な肩関節が成功への鍵になるのです。後述するミリタリープレスのドリルと肩のメンテナンスを繰り返し行うことで成功率が高まるでしょう。

1．ダブル・クリーン

2．ラックポジション
　腹部を大きく膨らませて腹腔圧を高めます。腹腔圧が足りないと三角筋に不要なテンションがかかり、ギブアップすることになります。

3．オーバーヘッドロックアウト
　スティッキング・ポイントを越えて、頭上に挙げます。

　ただし、通常のミリタリープレスのテクニックのすべてを応用できるとは限りません。ケトルベルが2つあることで左右どちらかへ傾くことができないのです。

　そこで、スティッキング・ポイントに達したところで、臀部を引き締め、胸を開いて、少しだけ後ろに反ります。

　このとき、腰椎を反らせないことが重要です。臀部を引き締めることが、腰椎を反らない防止策にもなります。また、臀部を緩めると下半身の土台を失うのでまず挙がらなくなります。

1

2

腹腔圧を
高める

3

胸を開く

臀部を
引き締める

ダブル・ミリタリープレスは妥協を許さない

「ミリタリープレスには 3 つの大事な点がある。
それは完璧な姿勢、
完璧なグルーヴ、完璧なタイミング」
　　　　　　　———ケトルベルのインストラクターコースでのメモ書きより

　身体のテンション、姿勢、ケトルベルを挙げる角度が完璧でなければならないため、妥協を許さないのがダブル・ミリタリープレスの特徴です。

　まず、ダブル・ミリタリープレスは両手に 1 つずつのケトルベルを持って一気に頭上へ挙げる動作であるため、左右への偏りを許さず、最大限のテンションと肩の柔軟性を必要とします。
　また、ケトルベル 2 つをラックポジションにしたときに正しいテンションと正しい姿勢が求められます。
　挙げるタイミングにしても、両手がふさがっているため胴体にすべての潜在エネルギーが集約され、肩の柔軟性と姿勢の変化をどのタイミングで発揮するかを考えさせられます。
　それだけに 32kg 2 つを頭上に挙げた時の達成感は大きいです。
　男性であれば 32kg 2 つを頭上に、女性であれば 16kg 2 つを頭上に挙げるのを目標にしてはいかがでしょうか。体重の 60%〜 80% を無反動で挙げる能力には奥深ささえ感じます。

　普段からバーベルスクワットやバーベルデッドリフト等パワーリフティング系のトレーニングを行っている方は、ダブル・ミリタリープレスを加えるとさらなる力が得られます。
　バーベルデッドリフトで 200kg 以上挙げられる人なら、ケトルベル 32kg 2 つのダブル・ミリタリープレスを複数回挙げることができるのではないでしょうか。
　また、筋肥大によって体重を増やしたい方（アメリカンフットボールのラインマン、ラグビー選手、格闘技で階級を上げたい等）がケトルベルを使う

場合、ダブル・ミリタリープレスを外すことはできないでしょう。

　身体のテンションの掛け方に調整を要することと、ケトルベルを一定の角度へ挙げなければならないための姿勢調整について試行錯誤をするため、左右に偏りがあまりない、身体の姿勢が形成されてくるのも効果の１つです。

　スイングの章で登場した師のマーク・リフキンドは「スポーツの姿勢を日常生活に持ち込むな」と言っています。背中を丸めるなど自転車レース競技や格闘技における不健全な姿勢は試合で勝つためのものであり、日常生活において健全ではありません。

　ただ私の体験上、ダブル・ミリタリープレスに関しては、これで形成した姿勢は逆に日常生活における健全な姿勢に転用されると信じています。

　私のミリタリープレスの追求がいつの間にか健全な姿勢を求める道とオーバーラップしていたことも、決して偶然ではないと思っています。

ミリタリープレスのキューイング

A） ラックポジションで三角筋をはじめとした肩の筋肉を緩めます。キーは
腹腔圧と広背筋のテンションをできるだけ高めることです。このテン
ションが三角筋を引っ張る作用につながるのです。膝をまっすぐに、背
筋をまっすぐにしながら肘をできるだけ下げたラックポジションが理想
的です。

B） スティッキング・ポイントは、重量が身体の中心線から離れていくこと
で発生します。この状態では肘を伸ばすことが困難になります。そこで
上半身を少しだけ反らせる、あるいは横へ傾けます。ここで肩の可動域
が狭いと腰椎を反ることで妥協するようになります。肩の柔軟性が不可
欠なのはこのスティッキング・ポイントに達したときにバランスがとり
やすくなるためです。
ダブルミリタリープレスでは左右両方でケトルベルが中心線から離れて
いきますが、これを上半身を反ることと、腹腔圧の強化そして肩の柔軟
性で解決します。上半身を反らせる際、臀部を引き締めて腰椎への負担
をできるだけ軽減しましょう。反るのは胸であって腰ではありません。
怪我防止のためにもここだけ注意してください。

C） スティッキング・ポイントに達してもそのまま押し通すつもりで肘を伸
ばし続けてください。思い切った呼気で肋骨を横隔膜収縮で引き下ろす
ことで、安定化を図ります。

2 ミリタリープレスの「グルーヴ」

グルーヴとは何か？

「グルーヴを探求すると、その正体はレバレッジ（梃子の原理）だった」

——ハリー・パシャル

　グルーヴ (groove) を辞書で引くと、「溝」や「型」という訳されています。

　ケトルベルや自重トレーニングで「完璧なグルーヴ」と言うとき、筋肉の動作を把握している、あるいは感触を理解していることを意味します。

　私はグルーヴを「動作の感触」と理解しています。ミリタリープレスのように、無反動で重量を挙げる動作では、このグルーヴが重要です。

　初動で働く三角筋、肘を伸展させる上腕三頭筋、スティッキング・ポイントをブレークスルーする際の体幹の筋肉など、筋肉が働くグルーヴに意識を向けることは、正しい身体の使い方をする意識付けになります。

　グルーヴを感じるトレーニングを繰り返すことで、やがて潜在意識に刷り込まれ、特段に意識をせずとも、身体が正しい選択をしてくれるようになるはずです。

　ミリタリープレスにおけるグルーヴに意識を向けるトレーニング方法としては、以降に「レバレッジ（梃子）のグルーヴを感じる」「アクティブ・ネガティブでグルーヴを習得する」の２つを紹介します。

レバレッジ（梃子）のグルーヴを感じる

スイングと同じように、ミリタリープレスも動作を梃子の原理で捉えることで理解を深めることができます。ラックポジションから頭上に挙げる動作で、梃子の原理をどのようにイメージするのかを考えてみましょう。

ラックポジションから肘が肩の高さになるまで

挙上の初動の原動力は、主に三角筋（とくに前部）の収縮で、ここが力点になります。

支点は肩関節ですが、体幹が軟弱だと支点の役割を果たせないので、腹腔圧を高めて体幹を強くする必要があります。

作用点は肘であり、ケトルベルを乗せた前腕を下から持ち挙げます。

肘が肩の高さにある状態からスティッキング・ポイントまで

肘が肩の高さに達して三角筋が収縮しきった時点から、肘関節を支点として上腕三頭筋の収縮で力点を引く（つまり腕を伸ばす）動作に移行し、作用点であるケトルベルを挙げます。

この支点の移行を頭で明確に意識する必要はありませんが、挙がらない理由の大半が支点の移行ができていないことや、上腕三頭筋が弱いことに起因しています。

高重量のケトルベルは身体の外側へ移動して、持っている人のバランスを崩そうとするために、支点の移行ができないと失敗するのです。

スティッキング・ポイントからオーバーヘッドロックアウトまで

スティッキング・ポイント以降は、下半身を固定したまま上半身を前や横へ移動させ、最終的に手・肘・肩・腰・膝・くるぶしを一直線上に配置させます（右図）。

ここはタイミングとスピードが重要です。上腕三頭筋の収縮スピードが速ければ、ケトルベルにバランスを崩される前に挙がります。

ラックポジション　➡　肘が肩の高さ

肩峰
支点
力点を引く力
（三角筋前部）
力点
作用点

支点
力点
作用点
肩関節の屈曲

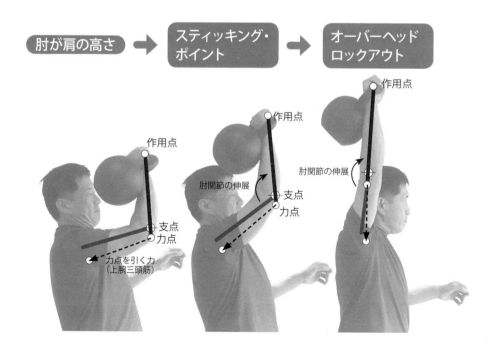

肘が肩の高さ　➡　スティッキング・ポイント　➡　オーバーヘッドロックアウト

作用点
支点
力点
力点を引く力
（上腕三頭筋）

作用点
肘関節の伸展
支点
力点

作用点
肘関節の伸展

アクティブ・ネガティブでグルーヴを習得する

　ミリタリープレスでは、ケトルベルを挙げる動作と、下ろす動作の軌道は基本的に同じです。そこで、頭上から下ろす動作（アクティブ・ネガティブ）を力を込めてゆっくりと行うことで、グルーヴ（筋肉の感触）を掴むトレーニングになります。

　ミリタリープレスの挙上後に、アクティブ・ネガティブを活用してトレーニングをしてみましょう。

1．ケトルベルを挙げた状態から始める

2．肩の高さまでゆっくり下ろす

　肘が肩の高さ、つまりスティッキング・ポイントまで、ゆっくり下ろします。

　軽い重量の場合、ここで静止すると、三角筋強化のアイソメトリック（重量を静止させる）トレーニングになります。

3．脇が締まるまでゆっくり下ろす

　脇が締まるまで、ゆっくり下ろします。この間、肩が広背筋に乗っていることを筋肉の感触で確認してください。

　下ろすときに、ストンと「落ちる」ように脇が締まる場合は要注意です。これを挙げる動作に置き換えると三角筋が上腕骨の挙上に動員されていないことを意味しています。三角筋を使ってゆっくり下ろすことが、三角筋を使って挙げることにつながるのです。

　この部分をゆっくりとできるまで、繰り返しグルーヴを習得してください。

　ラックポジションから頭上に挙げた状態で一度息を吸い、挙げたときと同じ軌道でラックポジションに戻す。

　それから再び息を吸って、アクティブ・ネガティブで覚えた感触を利用して思い切り発声して挙げる。

　これを繰り返しましょう。

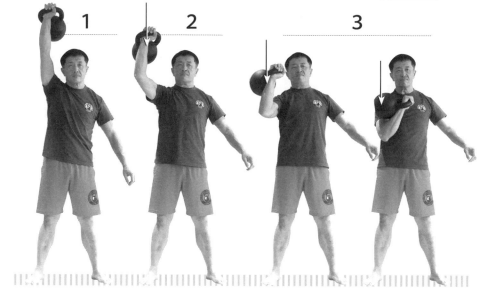

挙げるときに働いた筋肉を、下げるときにも働かせる

　挙げる動作と下ろす動作の軌道はそっくり同じではないとはいえ、基本的に挙げる際に収縮した筋肉を、弛緩させずに下ろすのが、アクティブ・ネガティブです。つまり、挙げる際に短く収縮した筋肉（短縮性収縮）は、下げる際には緊張したまま伸長する（伸長性収縮）ことになります。挙げる際に働いていた筋肉を弛緩させるわけではないのです。

　仮に脚で反動を使ってケトルベルを挙げた場合、本来のミリタリープレスでケトルベルを挙げるために使われる筋肉が弛緩した状態であるため、アクティブ・ネガティブは意味をなしません。それどころか、他の不要な筋肉を使うようになり、怪我の遠因になります。

　ケトルベルを頭上に挙げる時に上腕三頭筋と三角筋に加えて腹筋群と臀部を収縮しきった状態から、それらの筋肉を完全には弛緩させず、緊張を維持したまま、ケトルベルをゆっくり下ろすようにしてください。

3 ミリタリープレスのドリル

ミリタリープレスの向上には、パーシャル・プレスや後述のボトムアップ・シリーズ（182ページ）の他に、関節の可動域を改善するストレッチや腹腔圧を高めるドリルを導入するとよいでしょう。

パーシャル・プレス

ミリタリープレスで苦手としている動作を抽出し、それを繰り返します。
ミリタリープレスの上半分でアクティブ・ネガティブを行う方法を紹介します。

1. **ケトルベルを挙げた状態から始める**

2. **頭上からスティッキング・ポイントまで下ろす**

3. **再び頭上へ挙げる**

この繰り返しでスティッキング・ポイントを突破するトレーニングとなります。ミリタリープレスと並行して実施してください。

また、ラックポジションから肩の高さまで挙げてスティッキング・ポイントに至った時点で、再び戻すのを繰り返す、つまりミリタリープレスの下半分でアクティブ・ネガティブを行うことも、よいトレーニングになります。

パーシャル・プレス

1　**2**

ボトムアップ・シリーズ
→ P.182 参照

ブレッツェル・ストレッチ

　ミリタリープレスでは、ケトルベルの挙上時に上体をわずかに倒して、重心を身体の中心に近づけることで姿勢を維持します。このとき、腰椎を反らしてしまうと腰を痛めてしまうので、注意が必要です。

　そこで、腰椎から上、つまり胸椎の可動域が重要になってくるのです。胸椎の可動域は小さいものの、あるとないとでは大違いです。

　胸椎は脊椎のうち肋骨を持つ 12 個の椎骨です。胸椎は動かす機会の少ない部位ですので、それだけに生活習慣によって固くなりやすい部位です。

　胸椎の可動域を改善するストレッチとして、ブレッツェル・ストレッチを紹介します。

　このストレッチを実施した後にミリタリープレスをすると、ケトルベルが軽く挙がることがあります。

　1 人で行うことも、パートナーに手伝ってもらうこともできます。

1．仰向けに寝て足を交差させる
　右足を交差させた場合、左手で右膝を持ち、右手で左つま先を持ちます。

2．深呼吸をする
　深呼吸をすることで、身体が少しずつ柔らかくなります。

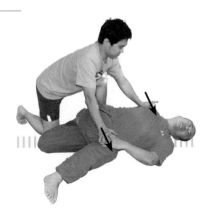

パートナーに押してもらう際は、写真のように膝と肩を押してもらってください。思い切り押されると、かえって収縮してしまうため、少しずつ押さえてください。

生後3ヵ月の腹臥位

英語では「3 months prone」と呼ばれる方法です。

生後3ヵ月の赤ちゃんは筋肉が未発達なため、腹腔圧によってバランスを維持するといわれます。そのため、大人にとって苦痛以外の何ものでもない腹臥位（うつ伏せ）の体勢ですが、幼児は何分も過ごすことができるのだそうです。これが、このトレーニング名の由来です。

大人にとっては、腹腔圧を作るために非常に効果のあるトレーニングであることに間違いはないでしょう。これを実践する前と後とでミリタリープレスの変化を確認してください。より強い腹腔圧ができると、これまで重いと感じていたケトルベルが挙げやすくなることがあります。

1．両足、両膝、両手、両肘を床に着いてうつ伏せになる

ポイントは目の直下に肘を配置することで、このことでこの体勢維持が難しくなるのです。これを数十秒～数分続けてください。

2．腹式呼吸を繰り返す

鼻から吸って腹部に息を送り込んでは吐く。これを繰り返します。

骨盤は浮かせる

なお、スイングの章で述べた、腹腔圧仰向けドリルは、ミリタリープレスでも適用することができます。もちろん、ここで紹介した「生後3ヵ月の腹臥位」はスイングのドリルとしても使えます。

姿勢改善ドリル

　姿勢改善をはかることで、ミリタリープレスが挙げやすくなります。

　頭が少し起き、腰が少し上がるくらいが脊椎の健全的な弯曲であるとセオドア・ダイモン博士が述べています。これを床に仰向けになって再現します。

1．仰向けで足を高い位置に置く

　薄いマットを後頭部に敷き（薄手の枕でも可能）、仰向けになります。背部全体は床に接した状態です。足を壁に押しつける、あるいはソファなどに乗せて、足を高いところに置きます。

2．背中を床に押しつけて、呼吸をする

　このままだとうたた寝してしまうので、背中を床に思い切り押しつけ、同時に後頭部もマットへ押し付けます。首に軽いストレッチ感を感じるようになるでしょう。これを数分キープしながら、自由に呼吸します。

　後頭部のストレッチ感は、無理に伸ばさず、効果があったかなかったかわからないくらいの感触でよいです。肩甲骨を起点に首方向と腰方向へ緩やかなストレッチ感があれば、なおよいです。

　腹筋群へ力を入れる、あるいは伸ばしている腕をパートナーに頭方向へ引っ張ってもらって腹筋を動員するのもよいでしょう。

腰方向のストレッチ感　　首方向のストレッチ感

ゴムバンドで僧帽筋を刺激するドリル

トレーニング用の小さなゴムバンドを使って、僧帽筋上部を緩めて、僧帽筋下部に刺激を入れるドリルです。

1. ゴムバンドをかけた指を開く
ゴムバンドを両手の5本指すべてに引っ掛け、指を開きます。

2. 外方向に引く
両肩を下げた状態で、ゴムバンドを開くように外方向へ引いてください。

肩を下げてゴムを開くと、僧帽筋下部は収縮し、僧帽筋上部は伸長します。

ミリタリープレスの初動で、三角筋と同じく僧帽筋上部の収縮も作用しているため、あらかじめ僧帽筋上部を伸ばしておくことが、ミリタリープレスの初動に貢献することになります。

このドリルの直後にミリタリープレスを行ったところ、以前よりも挙がりやすくなった、あるいは挙がらなかったものが挙がるようになったという実績があります。

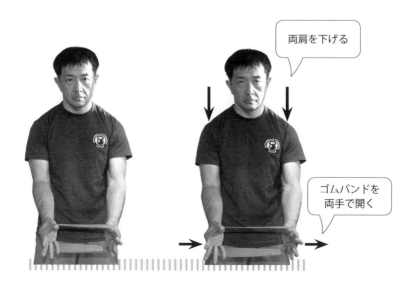

両肩を下げる

ゴムバンドを
両手で開く

四つん這いで僧帽筋を刺激するドリル

四つん這いで僧帽筋を刺激するドリルを３つ紹介します。

その1

このドリルのポイントは、腹腔圧の安定したなかで肩が間違いない動き方ができるかを確認することです。必ずゆっくり行ってください。

このドリルの後にミリタリープレスを行うと、動きやすくなるはずです。

1. 四つん這いになる

両膝と両手をついた四つん這い姿勢になります。両手をそれぞれ肩関節の直下に置いて、思い切り床を押してください。

2. 身体を前後に動かす

四つん這いで床を押しながら、身体を前後に動かします。

この肩から腕の動きや感触が、そのままミリタリープレスに適用されます。

このドリルでは、とくに意識して呼吸する必要はありませんが、横隔膜と骨盤底筋をできるだけ平行に保ちます。

腰椎が強く前方へ湾曲していると、腹腔圧が維持できません。この姿勢でケトルベルを頭上に挙げると、脊椎へ負担がかかります。

その2

　四つん這い姿勢から両肘を床につけて、その1と同様に身体を前後に動かすことで、ミリタリープレスのラックポジションからケトルベルを挙げる初動動作を再現できます。

　負担が少ない方法になります。

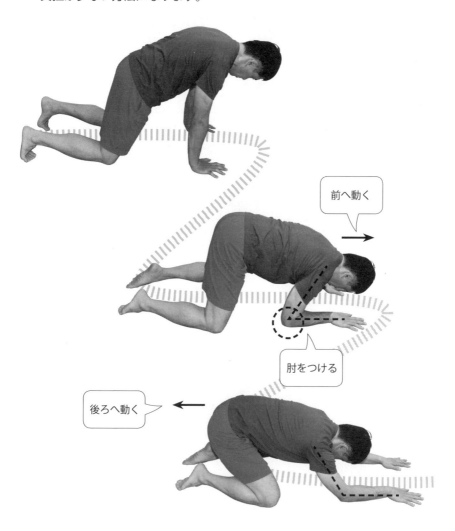

前へ動く

肘をつける

後ろへ動く

膝を浮かせて、つま先をついた四つん這い姿勢からも行うことができます。こちらは手や肩への負担がかかる方法です。

これだけでも程よい運動になりますが、これを実施した後にミリタリープレスを行ってみてください。ポイントはやはりゆっくり行うことです。

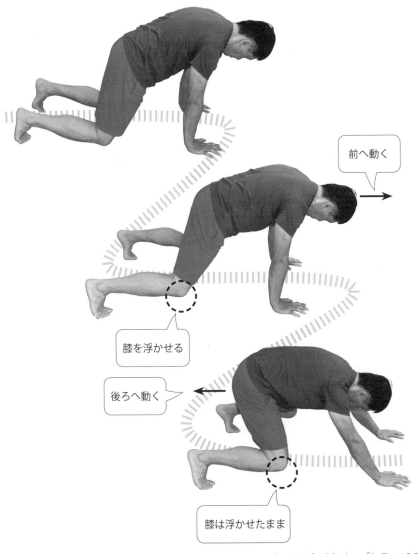

前へ動く

膝を浮かせる

後ろへ動く

膝は浮かせたまま

手の感触を活性化するドリル

　手のひらの感覚受容体は、手に持った物の重さを感じ取り、脳へ伝えます。脳はその情報をもとに、持っている物を持ち挙げるために必要な力を見積もり、その見積もりに沿った運動単位を働かせるように身体に指令を出します。

　四つん這いで行える、手のひらの感覚受容体を活性化するドリルを行ってみましょう。

その1

1. 四つん這いになる

　両手が肩の直下にくるように四つん這いになります。

　両手に体重をかけたとき、手のひらがしっかり床についているかを確かめてください。とくに手のひらの親指側、人差し指から親指のあたりが床から浮いていないかを見ます。

2. 身体を前後にゆっくりと動かす

　手のひら全体を床に接地させることを意識しながら、身体をゆっくり前後に動かします。手のひらと身体の関係が改善され、これを行った後ミリタリープレスが若干軽く感じることがあります。

その2

1. 四つん這いになる

　その1と同じく、両手が肩の真下にくるように四つん這いになります。

　5本の指全部を浮かせた状態をつくります（指が床に接地するかしないかくらいの形になります）。

2. 身体を前後にゆっくりと動かす

　前腕の筋肉が張る場合は、これが和らぐまで時間かけてほぐしましょう。ほぐす方法としては、リラックスドリル（116ページ）で腕を小刻みに揺さぶるとよいでしょう。

　手から脳への伝達手段が改善されます。

1

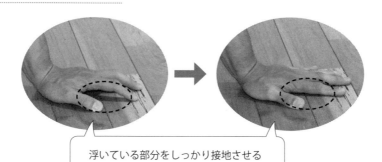

浮いている部分をしっかり接地させる

2

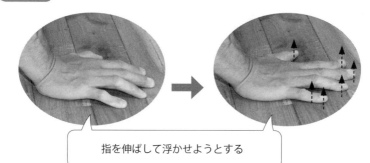

指を伸ばして浮かせようとする

エルボードリル

　肘を下げながら姿勢を維持することに主旨を置いたドリルです。ラックポジションの際に肘が最大限に下がっていると、その分だけ初動の力を動員できます。

1.　前腕を垂直にして立つ

　直立不動のまま、ラックポジションのように前腕を垂直に立てます。

2.　パートナーが、肘を下から上へ押し上げる

3.　パートナーの圧力に抵抗する

　脇を締め、広背筋を硬直させながら、パートナーの圧力に抵抗するように肘を下げます。

　ドリルの後、パートナーが安全な位置に離れたのを確認し、ミリタリープレスを行ってください。

相手の肘を
下から
押し上げる

脇を締めて、
抵抗する

　2人のパートナーに左右の肘を同時に下から上へ押し上げてもらうことも可能です。
その際、身体が宙に浮かない程度の力で押し上げるようにしてください。

ラックポジションのケトルベルへ圧力をかける

　姿勢を維持しながら、できるだけ耳と肩の距離を遠ざけることを主旨としています。その分だけ初動の三角筋が伸び、より多くの収縮幅を増やしてくれます。

1．ラックポジションになる

2．パートナーが、ケトルベルを下に押し下げる

3．パートナーの圧力に抵抗する
　背筋を伸ばして、肘を下ろして、姿勢を崩すことなくパートナーの圧力に耐えます。

　ドリルの後、パートナーが安全な位置に離れたのを確認し、ミリタリープレスを行ってください。

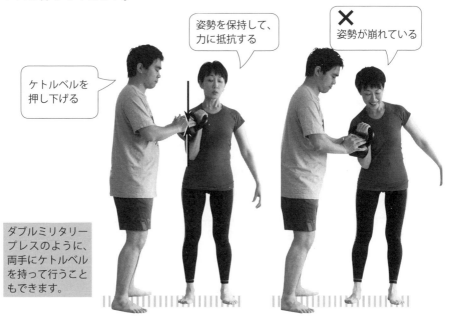

ケトルベルを
押し下げる

姿勢を保持して、
力に抵抗する

✕
姿勢が崩れている

ダブルミリタリープレスのように、両手にケトルベルを持って行うこともできます。

ダウンワードドッグ

　肩の可動域の改善が期待でき、直後にミリタリープレスをすると、動きが
よくなることがあります。

1．四つん這いから腰を突き上げる
　四つん這いの姿勢から、腕を伸ばし、腰を突き上げた体勢になります。

2．肩甲骨あたりをパートナーに押してもらう
　肩甲骨のあたりを押し、腕の位置が耳と横並びになるように押します。

　ドリルの後、パートナーが安全な位置に離れたのを確認し、ミリタリープ
レスを行ってください。

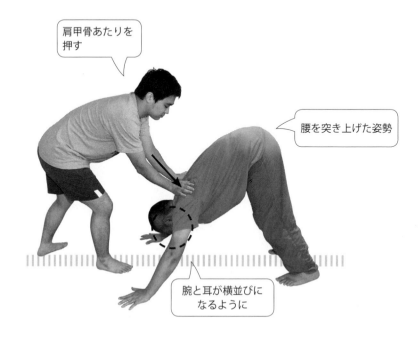

肩甲骨あたりを
押す

腰を突き上げた姿勢

腕と耳が横並びに
なるように

空いた時間に床を使おう！

　ケトルベル・トレーニングで身体を強化でき、左右格差も解消できる。そうした理解がされがちですが、実はそれは一面的な見方です。

　確かにケトルベルによる荷重を加えることで身体を強化しているのですが、別の見方をすると、「重いケトルベルを扱うために、どのような身体を作るか」も問われているのです。

　たとえば、身体の左右差が大きく、姿勢が悪ければ、高重量のケトルベルを安全に扱うことはできません。

　また、腹腔圧が弱く、体幹を支えられなければ、そもそも高負荷トレーニングに耐えることができないでしょう。

　本書で紹介しているドリルやストレッチは、「重いケトルベルを扱うための身体作り」であるといえます。

　つまり、「ケトルベルを使ったトレーニング」と、「ケトルベルを使いこなすためのトレーニング」を行き来しながら探求を深めることが大切なのです。

　右と左の力格差を解消するにあたって、私は様々な模索をしてきました。怪我の影響もあって著しく姿勢が悪かった私は、ここで紹介した「ブレッツェル・ストレッチ」「生後3ヵ月の腹臥位」「四つん這いで僧帽筋を刺激するドリル」「姿勢改善ドリル」によって姿勢が変化しています。

　ミリタリープレスの左右差を小さくするための試行錯誤が、姿勢改善という副産物を生み出したのです。

　「ケトルベルを使いこなすためのトレーニング」には、ぜひ床を活用してください。床は、どこにでも存在する素晴らしいトレーニング器具です。アイディア次第で活用の幅は無限大です。

　四つん這いの姿勢や仰向けの姿勢によって非日常的な刺激を感知して、ケトルベル・トレーニングに活かすとトレーニングも楽しくなるでしょう。

　もちろんケトルベルから切り離したスタンドアローンのトレーニングとしても効果的です。

肩の可動域を知ろう

ミリタリープレスには、健全な肩の可動域が保たれていることが重要です。

頭上へ高重量を挙げる際に肩の動作に不備があると、他の弱い筋肉を代替して使わざるを得ず、それを続けると慢性的な疲労や痛みにつながります。

ここでは、ミリタリープレスに最低限必要な肩の可動域を説明します。

チェックしてみて、動きに支障を感じる場合には、それを改善する方法を試してください。

前方挙上

腕を前方から挙上する動作です。

腕が肩の高さに達するまでは、ミリタリープレスの初動で三角筋を動員する動きと同じです。

この前方挙上で腕が耳の横まで行かない場合は、ショルダーエクステンション（178 ページ参照）でストレッチしてください。

後方挙上

腕を後方に回す動作で、50 度以上が適切な可動域です。

この動作に窮屈さを感じる場合も、ショルダーエクステンション（178 ページ参照）でストレッチしてください。

水平屈曲

　腕を水平に横へ伸ばし、水平のまま胸方向へ屈曲します。この角度が約135度の可動域があり、痛みがなければ大丈夫です。

　この動きには、ミリタリープレスの初動に使う三角筋前部と大胸筋、前鋸筋などが動員されます。

....

水平伸展

　腕を水平に横へ伸ばし、水平のまま背中側に伸展します。可動域が約30度あれば正常です。

　三角筋後部、菱形筋などに極度な硬直がないかの確認です。

> この「可動域チェック＆ケア」は怪我や不具合の予防策として紹介しています。実際に痛みが走る、肩が上がらないなどの症状がみられる場合は、医師や専門家に相談してください。

肩のメンテナンス

　前ページのチェックで、動作がスムーズにいかない、あるいは左右で可動域の違いがあれば、肩の可動域の改善とメンテナンスをトレーニングに取り入れることをお勧めします。

　ミリタリープレスは、毎回うまくいくとは限りません。扱う重量が増すほどその傾向が顕著になります。限られた動力のなかで完璧な姿勢と完璧な可動域が求められます。

　可動域に不安があれば改善する、身体のどこかにダメージがあるなら回復を待つなど、長期的な視野を持ってトレーニングすることが重要になります。

　ストレッチを取り入れてもよいですし、ゲットアップやスイングなどの種目でも左右差の解消を意識したトレーニングを心掛けるとよいでしょう。

　この節では、私が行っている肩のメンテナンス方法の一部を紹介します。

ディスローケート

　トレーニング用ゴムバンドを使った簡単な方法です。引っ張っても切れない強度（30kgは耐えられる）のものを使ってください。（引いても切れない丈夫な縄や紐を、安定した所に結びつけることでも代用可能です）

　ケトルベル等の重量を扱うとき、肩周りの筋肉は収縮します。そうした筋肉を伸ばすことができます。

1．ゴムバンドを丈夫な柱に固定する

2．体勢を変えて様々な角度で腕を伸ばす
　　Ａ：背筋を伸ばして、直立した姿勢で行う。
　　Ｂ：上体を倒して、腕を捻って行う。
　　Ｃ：腕を胸の前に屈曲させた姿勢で行う。

　上記の例以外にも体勢やゴムバンドを固定する位置や角度を変えて行うことが可能です。自分の強度や体重に合わせて、自分に合っているものを取り入れてみてください。

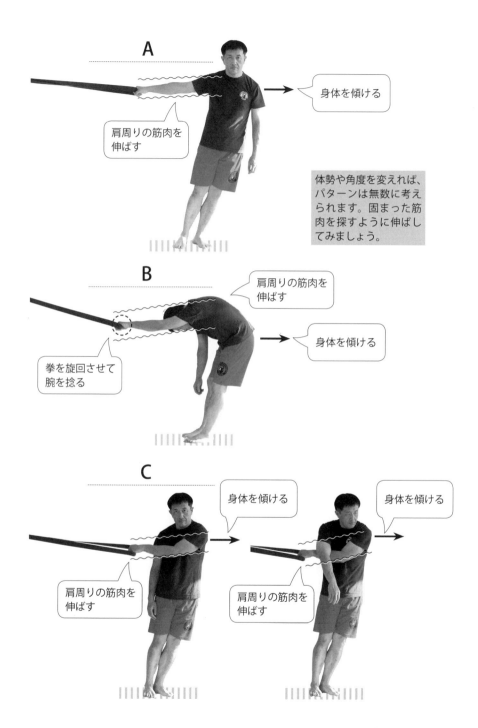

ショルダーエクステンション1

　左右差を解消する簡単な方法です。私にとって、これが左右格差解消の決定打になりました。

　このショルダーエクステンションは、広背筋、三角筋後部を伸ばす効果があります。とくに広背筋は腕の様々な動きに活躍し、収縮を繰り返します。

　腕を使うスポーツはたくさんありますが、広背筋に対してストレッチなどメンテナンスをされる場面は少ないように思われます。

　ケトルベルなどの高負荷のトレーニングでも、広背筋は収縮を繰り返して、疲労が溜まることがあります。

　ですので、左右差の解決だけでなく、トレーニング後の回復手法として取り入れることも推奨します。

1．床に長座で座り、両手を後ろに着く

　床に脚を伸ばして着座し、両手を後ろへつきます。指先は後方へ向けます。

2．両手を後ろにずらす

　痛みのない程度に、両手を後ろへずらしてください。

　手は斜め外へ広がっていきますが、この軌道を無理に修正しないよう注意しましょう。

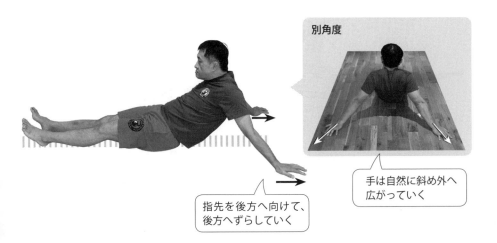

別角度

手は自然に斜め外へ広がっていく

指先を後方へ向けて、後方へずらしていく

:::::::::::::::::::::

ショルダーエクステンション2

棒を使った方法もあります。

---

1. 背中側で、両手で棒を握る

背中側で、手の甲が後ろを向くように棒を握ります。

2. 棒を後ろに挙げる

棒を上へ挙上します。痛みが走る手前で静止してください。

もし負荷をかけるのであれば、写真のように前屈みになってください。

（パートナーに矢印方向へ棒を引っ張ってもらうこともできます）

前屈みになる

パートナーに
引っ張ってもらっ
てもよい

ショルダーエクステンション3

　テーブルや鉄棒など、固定されたものを後ろ手に掴む方法もあります。鉄棒でジャーマンハングと呼ばれる体勢です。

　この体勢で腰を落とします。高さと柔軟性次第では、床に着座できることがあります。私はこの体勢で正座しています。

　固定物を掴む代わりに、壁に両手のひらをついて腰を落としてもよいでしょう。

腰を落とす

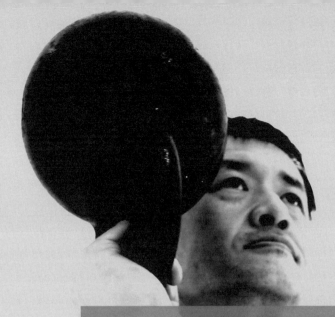

Part.4
強く健全な
身体作りのために

1つのことを繰り返すだけが、
強くなる方法ではないはずだ。
バラエティのある経験が
新たな気づきをもたらし、
進むべき道を示すこともあるだろう。
強くなるための試みが、苦行ではなく、
愉しみであることを願う。

1 ボトムアップ・シリーズ

刺激的な逆さま体験

　ボトムアップ・シリーズは、底を上にする、つまりケトルベルを逆さに持って行う種目です。

　一見して曲芸にも見えるのですが、私はこの種目を脊柱依存の運動から脱却するためにも有効なものとして非常に重視しています。

　脊椎に関する研究の第一人者でもあるステュアート・マクギル博士も、ケトルベルのボトムアップを推奨しています。

　まず、ケトルベルを脊柱よりやや外方向のオフセットの位置に持ち、さらにケトルベルを逆さにすることで、脊柱やその周辺の筋肉で重量を支えるのが不可能な状態になります。つまり、脊柱依存で支えることが難しくなるのです。すると、必然的に脊柱に依存しない方法をとらなければなりません。

　この点から、ボトムアップ・シリーズは、本書で推奨している、広背筋や腹斜筋などの筋肉群を使って腹腔圧を高め、体幹を強化する方法を身につけるために有効な種目であると考えます。

　また、逆さに持つことはグリップ力が必要で、不安定な状態にケトルベルを保つのに力を使うため、軽いケトルベルを使っても数段重く感じられます。

　つまり、ボトムアップを行うことで、より重い重量を身体に経験させることができ、新しい運動単位が動員されるのです。

使用する重量について

　使用する重量は、ワンアーム・スイングが10回できる重量より1〜2段階軽いもの、あるいはミリタリープレスが5回できる重量より1〜2段階軽いものを推奨します。

　本書では、ボトムアップのトレーニングを通して、脊柱依存から腹腔圧の活用への移行を目指すので、使うケトルベルは、重さではなく扱いやすさを

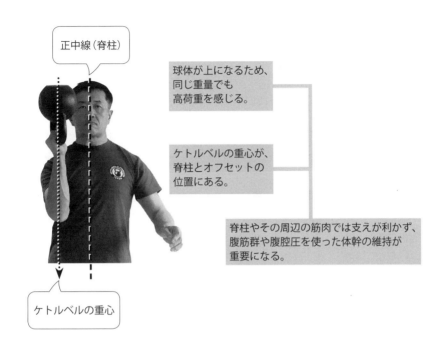

正中線（脊柱）

球体が上になるため、同じ重量でも高荷重を感じる。

ケトルベルの重心が、脊柱とオフセットの位置にある。

脊柱やその周辺の筋肉では支えが利かず、腹筋群や腹腔圧を使った体幹の維持が重要になる。

ケトルベルの重心

優先してください。とくにグリップ力が問われる種目なので、男性でも8〜12kgのものを使うことがあります。

注意点

初めて行う場合や高重量を使う場合は、落下しても差し障りのない場所を選び、危険を感じたときには手を放して落下させ、落下地点から離れてください。バランスを大きく崩すと、逆さになったケトルベルが内に傾いて顔面にぶつかる、あるいは外へ傾いて腕や肘へ不要な負担をかけるなど、怪我をする恐れがあります。

また、危険なときには手を放さないと、肘や肩の関節が強く引っ張られて、怪我をする恐れがあります。

どうしても屋内で行うのであれば、ケトルベルのバランスが崩れたら、すぐに空いた手で球体を支えて床へ置いてください。

ボトムアップ・クリーン

　ボトムアップ・クリーンを行う前提は、ワンアーム・スイングとクリーンが完璧にできていることです。とくにスイングのヒンジ動作をそのまま使うため、まずスイングが着実にできるように練習してください。

　ゲットアップにおける肩のパック、スイングの下半身動作、クリーンの基本動作ができると、ボトムアップ・クリーンもできます。

1．ハンドルに体重を乗せる

　つま先から 30 センチほど前に、ハンドルを縦方向に向けてケトルベルを置きます。

　ハンドルを握って、手首と肘をまっすぐにしたまま、体重をすべてハンドルへ乗せます。これは、手のひらで最も力の支えとなる箇所へハンドルを位置づけるためです。ここでハンドルを握って以降は、グリップを緩めないでください。手のひらとハンドルが接している位置がずれると、ボトムアップ・クリーンした際にバランスが取れないおそれがあります。

　なお、ハンドルに体重を乗せた時点で、肩の直下にケトルベルが来ない場合は、立ち位置をそのままにケトルベルの位置を調整してください。

2．セットアップ＆ウェッジ

　腰を落とし、肩をパックします。スイングの章で説明したウェッジを適用しましょう。

3．バックスイングからクリーン

　後ろへ振った後にケトルベルの球体が上へ来るようにしてクリーンします。

　逆さの球体の直下に自分の肘を入れるイメージをするのがコツです。肘が前後左右にずれると、球体が傾いてバランスを崩します。

4．下ろす

　床に下ろす方法は、クリーンと同じです。

1 ハンドルに体重を乗せる

2 ウェッジを意識

3

球体の下に肘を入れる

4

ボトムアップ・クリーン中の身体のバランス

前腕を床に対して垂直にし、肘の直下に骨盤が位置するようにします。

片側の動作ですが、反対側（写真では左）の肩を下げることで安定します。

さらに、腹腔圧を高めることで、安定性が高まります。腹腔圧の高め方についてはすでに説明しましたが、改めて要点をまとめておきます。

息を鼻から吸い、腹部を固めたまま吐く

腹式呼吸で鼻から息を吸って、腹斜筋と腹横筋を固めたまま息を吐きます。

肋骨下部を外へ開かない

胸を前や外方向へ突き出すと、バランスが不安定になります。背筋をまっすぐに維持しながら、肋骨下部を骨盤へ引きつけます。

背中を反らない

背中を反ってケトルベルを安定させる方法は推奨しません。腹腔圧依存で安定させることを目標にしてください。もし背中を反らなければ安定しない場合は、軽めのケトルベルで行いましょう。

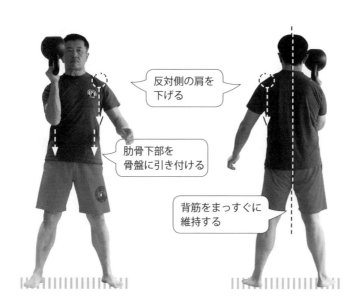

反対側の肩を下げる

肋骨下部を骨盤に引き付ける

背筋をまっすぐに維持する

ボトムアップを保つポイント

肘、前腕、ケトルベルのハンドルが一直線上に配置されていること

　この配置がずれているとケトルベルを維持できません（写真 A）。

　ゆえに準備段階で自分の重心をケトルベルのハンドルへかけてから、ハンドルを握ることが重要なのです（写真 B）。ここで一度握り締めた手を緩めると、手の位置がずれて不安定になります。一度握ったらグリップをゆるめないことが大事です。

ハンドルは手のひらに斜にかかる

　グリップに関しては、写真 C のように手のひら上で荷重が配置されているのが理想です。また、滑らないように手のひらに軽くチョークをつけることで、安心感が増し、安定要素に加わることがあります。気持ちも大事なのです。

A

B

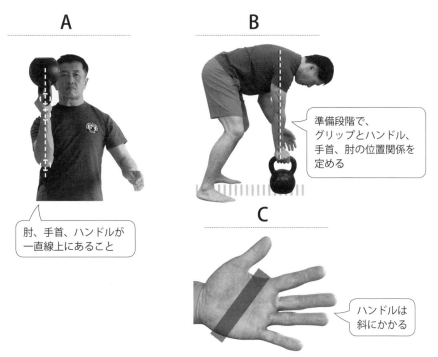

準備段階で、グリップとハンドル、手首、肘の位置関係を定める

肘、手首、ハンドルが一直線上にあること

C

ハンドルは斜にかかる

ボトムアップ・ウォーク

　ボトムアップ・ウォークは、ボトムアップ・シリーズで最も簡単な種目といえるでしょう。骨盤から下が動くことで、ケトルベルを不安定にするので、バランスを調整する能力を養うことができます。

1．ボトムアップ・クリーンをする

2．腹腔圧を維持しながら歩く
　その場で足踏みをするだけでも効果があります。
　前だけでなく、後や左右に動いてチャレンジ性を高めることもできます。

足踏み

足幅を狭くしてから始める

横移動

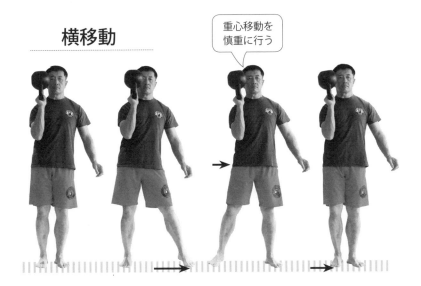

重心移動を慎重に行う

前進

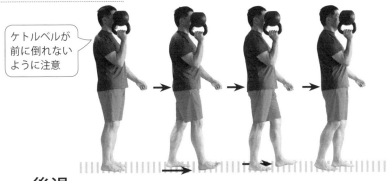

ケトルベルが前に倒れないように注意

後退

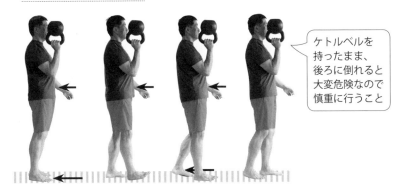

ケトルベルを持ったまま、後ろに倒れると大変危険なので慎重に行うこと

ボトムアップ・スクワット

　ボトムアップ・スクワットは、ボトムアップ・クリーンをして、ケトルベルを安定させた後に、そのままスクワットします。難易度としては、ゴブレット・スクワットより高いです。

1．ボトムアップ・クリーン

2．腰を落とす
　両膝を外方向へ開いて腰を落とします。腹部に力を入れて腹腔圧を高め、姿勢を安定させたまま慎重に腰を落としてください。

3．正面を見て立ち上がる
　目線を正面に向けて、腹腔圧を維持したまま立ち上がります。

　推奨回数は、1セットあたり左右それぞれ1〜3回、2分以上の休憩をおいて3〜9セットほどになります。
　同日に他のスクワット種目を行うことはあまり推奨しません。もしバーベル・スクワットやケトルベルのフロント・スクワットのセットと同日に行う場合は、休憩時間を多くとりましょう。

　ボトムアップ・スクワットが安定しない場合は、ゴブレット・スクワットを練習してください。前著『ケトルベル マニュアル』のゴブレット・スクワットは、深くしゃがむことができない方でもできるように説明をしています。

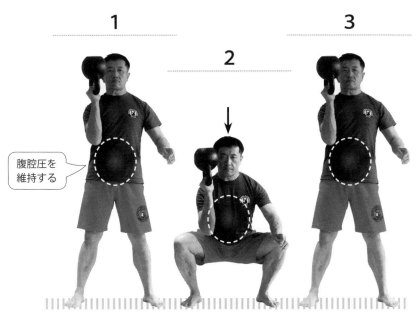

1

2

3

腹腔圧を
維持する

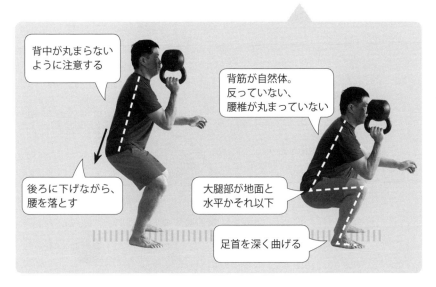

背中が丸まらない
ように注意する

背筋が自然体。
反っていない、
腰椎が丸まっていない

後ろに下げながら、
腰を落とす

大腿部が地面と
水平かそれ以下

足首を深く曲げる

ボトムアップ・スクワットのポイント

正面を見る。背中を反らせない

ボトムアップ・スクワットで間違えやすいのが、ボトムアップしたケトルベルのバランスを気にして、ケトルベルを見ながらスクワットしてしまうことです。

ケトルベルを見るとあごが上がり、背中も反った状態になります。この状態では、腹腔圧も維持できなくなり、脊柱やその周辺の筋肉に負荷がかかります。スクワットで腰を落とすときも、立ち上がるときも、常に正面を見て、背筋を自然に伸ばし、腹腔圧を維持した状態で行ってください。

なお、スクワットが難しい場合には、慣れるまで反対側の手で部分的にケトルベルを支えながら行うこともできます。

また、顔面に当たる不安がある場合は、空いている手をケトルベルの近くに添えて構えましょう。ケトルベルが傾いた時に容易にキャッチできます。

腰を落としすぎない

腰を深く落としすぎると、背中が丸くなってしまいます。この姿勢では、腹腔圧の維持ができなくなります。

腹部のテンションを失う前に、立ち上がるようにしてください。

NG
腰を落としすぎている

深く腰を落とすと、
腹腔圧や骨格の支えを失う。
ケトルベルやバーベルを持って
深々とスクワットすることは
望ましくない

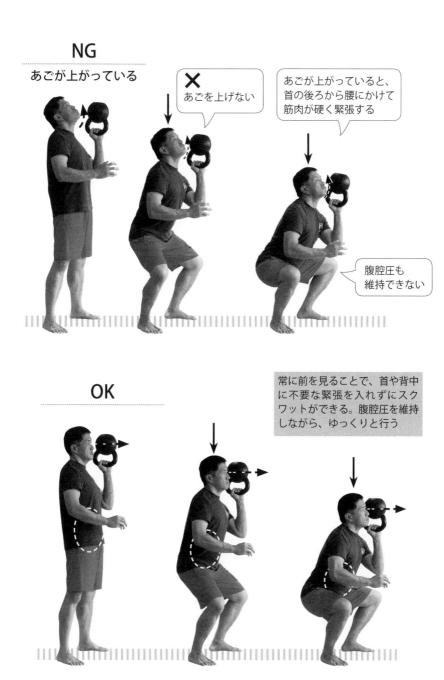

ハーフ・ニーリング姿勢でのボトムアップ

　ハーフ・ニーリング（片膝立ち）姿勢で、逆さにしたケトルベルを支えます。
ケトルベルを拾って手で逆さにすることもできますので、ボトムアップ・
クリーンをする必要がない種目です。落下の危険が少なく行いやすいので、
ボトムアップ・クリーンに自信がない場合は、この方法から行ってください。

　つま先、膝、前足の三点で支える片膝立ち姿勢は、膝をついた側の骨盤が
不安定になるため、無意識に身体がバランスを保とうとする機能が働きます。
そのため、初心者や怪我のリハビリを要する人にも適しています。

　簡単な準備運動として、スイングやミリタリープレスなどの他種目の前に
組み入れてもよいでしょう。

1．片膝立ち
　片膝立ちになって、膝をついた側の手（写真では右手）で、床に置かれた
ケトルベルのハンドルを掴みます。この時、ケトルベルに体重をかけて、肘、
前腕、ハンドルが一直線上に配置されていることを確認します。

2．ケトルベルの球体に反対の手（写真では左手）を添える

3．ケトルベルを拾い挙げる
　ケトルベルをボトムアップの位置まで持ち挙げた後、左手を離します。
　腹腔圧を作り、膝をついた側の臀部を引き締めて、その体勢を維持します。
　後ろ足を前足のかかとの後ろ直線上に配置すると安定しますが、これは人
それぞれなので個人で調整してください。

4．様々な呼吸をしてみる
　浅い呼吸や深い呼吸など、同じ体勢で身体に様々な負荷をかけてください。

床に置く方法
　床へ戻す際は、反対側の手で球体を支えて静かに置きましょう。

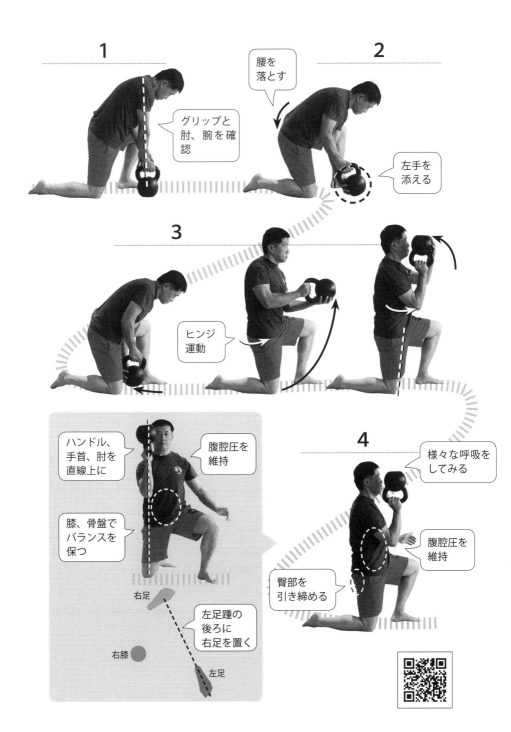

ボトムアップ・プレス

　ボトムアップ・プレスは、ボトムアップ・クリーンの部分を除くと、コツはミリタリープレスとほとんど同じです。ただし、ボトムアップ・プレスの場合、スティッキング・ポイントがさらにハードになります。なぜなら、正しい軌道でバランスよく挙げないと、成功しないからです。

　ですから、通常のミリタリープレスの補助種目として、スティッキング・ポイントの打開のための、よいトレーニングとなります。

1．ボトムアップ・クリーン

　ボトムアップクリーンをします。腹腔圧を高めた状態にして安定させましょう。

2．発声直後に挙げる

　「ハッ」と声を出してから一気に挙げます。

　思い切りハンドルを握り、ケトルベルの直下に肘を合わせながらバランスをとって、傾かないようにしながらケトルベルと肩関節の間の直線上に肘を挿入していくというイメージで行いましょう。

　スティッキングポイントを通過するタイミング、つまりケトルベルが額より上へ挙がったタイミングで前を向きましょう。ケトルベルを挙げた腕が耳の横、あるはその後方にあると安定します。

3．クリーンの位置へ戻る

　挙げた軌道を戻るようにしてボトムアップ・クリーンの位置へケトルベルを戻します。複数回繰り返す場合は、再び挙げます。

ボトムアップ・プレスのポイント

正面を見ながら挙げること

　ケトルベルに目を向けながら挙げていくと、背中を反りやすく、スティッキング・ポイントを突破するのが難しくなります。脊柱に安定性を依存する動きになり、三角筋や上腕三頭筋へ過度なテンションを促すためです。

挙がらないときは角度調整してみる

　関節の硬さ等の理由から、ケトルベルを瞬間的に見なければ挙がらない、あるいは若干背中を反らせなければケトルベルを挙げられない場合があります。

　その場合は、腰椎を反らせるのではなく、できるだけ臀部を引き締めて上半身を後ろへ引くようにして角度を調整していきます。

テンションの入れ方と挙げるタイミング

　ボトムアップ・プレスの開始時は、まず腹部に力を入れてケトルベルを安定させます。意識することはあまりありませんが、腹部と三角筋前部にテンションがかかっています。

　そして、挙げ始める際に広背筋に力を入れることで、胸を若干上方向へ向けて挙げやすい角度を作ります。すると三角筋前部が発動されてケトルベルが挙がっていきます。

　このタイミングや動作は、ミリタリープレスにも応用ができます。

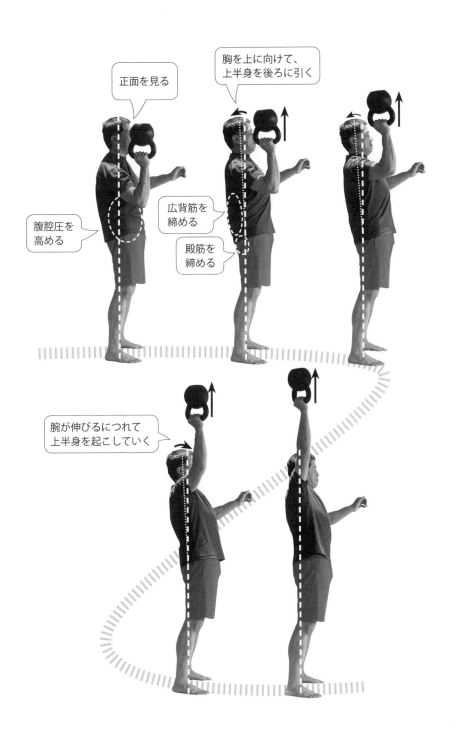

ボトムアップ・プレスの注意点

１〜２段階軽いケトルベルを使う

　非常にバランスをとりにくいため、普段ミリタリープレスで使っている重量の１〜２段階軽いケトルベル使うことを推奨します。

チョークの使用を推奨

　少量の汗やハンドルのツルツルした感触によって、不安定になることが多々あります。事前にケトルベルのハンドル、もしくは手にチョークを多めにつけましょう。雪山のごとくハンドルを真っ白にチョークで染めることを強く推奨します。

　なお、手のひらの感覚を遮断するため、手袋の着用はお勧めしません。

落下に備えること

　１回挙がるかわからない重量で行う場合や、複数回行う場合は、必ず屋外など落として差し障りのない場所で行ってください。

バランスを崩しかけたら

　もしバランスを崩しかけたら、その時点で手を放し、落下予想地点から離れてください。

　ケトルベルが傾いてバランスを崩している状態で手を放さないと、そのまま肘や肩の関節が重さによって引っ張られ、怪我をする恐れがあります。

ミリタリープレスの補助種目として効果的

　ボトムアップ・プレスをミリタリープレスと混ぜてトレーニングに組み入れることは、非常に効果的です。私だけでなく、ケトルベルの上級インストラクターたちも、これを準必須種目として取り入れています。

　ボトムアップ・プレスは、ミリタリープレスでは動員し得ない運動単位を引き出すという効果も発揮します。したがって、これらを混ぜて行うことでミリタリープレスのスキルが磨かれていくのです。

　ボトムアップ・プレスを軽い重量で数回行った後に、ミリタリープレスを行ってみてください。腹腔圧による安定性と、挙げる角度などが是正されている可能性があります。

　ただし、高重量でのボトムアップ・プレスとミリタリープレスを組み合わせると、疲弊するので注意してください。

　推奨回数は、1セットあたり左右それぞれ1〜2回、2分以上の休憩をおいて3〜9セットほどになります。

　ミリタリープレス等、主だったトレーニング種目と交互に行う場合は、休憩をたくさんとった上で、軽重量を用い、回数は1セットあたり最大3回までにとどめておくとよいでしょう。

　また、『ケトルベル マニュアル』でも紹介した「ラダー法」を適用できます。

ラダー法の例
第1週:左1/右1、左2/右2、左3/右3を3巡
第2週:左1/右1、左2/右2、左3/右3を4巡
第3週:左1/右1、左2/右2、左3/右3を5巡
第4週:左1/右1、左2/右2、左3/右3、左4/右4を5巡
第5週:左1/右1、左2/右2、左3/右3、左4/右4、左5/右5を5巡

その後は1つ重い重量で、第1週と同じ回数(左1/右1、左2/右2、左3/右3を3巡)を行う

ボトムアップ・ゲットアップ

　ボトムアップ・ゲットアップは、ボトムアップ・プレスで頭上へケトルベルを挙げたところから、ゲットアップの要領で、ケトルベルを掲げたまま着座します。ケトルベルが落下する可能性が高いので、落ちても差し支えのない場所で行ってください。

　使うケトルベルは、ボトムアップ・プレスを３〜５回は連続でできる重量で行いましょう。テンションを維持する時間が長いので、あまり高回数で行う必要はありません。

１．ボトムアップ・プレスを行う

２．片膝立ちになる
　ケトルベルを持っていない側の膝を床へつけて、片膝立ちになります。

３．床に手をつく
　後方にあるかかとを骨盤の下へ配置し、同時に空いている手を床へつきます。着地した膝の延長線上に手をつくとバランスを崩すことなくスムーズに行えます。

４．着座する
　後方の脚を前へ出して着座します。

５．１の姿勢に戻る
　４から１へ動作を逆再生するように立ち上がります。
　立ち上がるのが難しい場合、屋外であれば安全を確認した上でケトルベルを地面へ放ってください。

　なお、ゲットアップでは着座から仰向けになりますが、ボトムアップ・ゲットアップではそれを推奨しません。仰向けになる時と仰向けから起き上がる時が最も力を要する場面ですが、そこまでの工程が長すぎることもあって、極度な疲弊が想定されます。そこでボトムアップで持っていれば、顔面へのケトルベル落下の可能性は当然高くなるからです。

部分的（パーシャル）でも効果的

　私のケトルベルのクラスでは、最初にゲットアップを行うようにしています。ただし、仰向けの状態から立ち上がり、再び仰向けに戻るまでのフルゲットアップは殆ど行っていません。

　フルゲットアップはいくつかのパートに区分けすることができ、それぞれの区分で学ぶべきものがあるので、部分的に繰り返しても意味があります。

　このように、部分的に動きを取り出して行うゲットアップを、パーシャル・ゲットアップといいます。もちろん私が発案したのではなく、ケトルベルのインストラクター仲間の間では以前から導入されていました。

　本書では、指導でよく使っているパーシャル・ゲットアップを紹介します。

・肘へゲットアップ
・肘へゲットアップからスイープ
・ハーフ・ゲットアップ
・ハーフ・ゲットアップから片膝立ち
・ニーリング・ウィンドミル

　なお、ゲットアップの詳細な注意点は『ケトルベル マニュアル』に記載しており、とくに安全策や各動作における重心移動、右から左へケトルベルを置き換える方法など細かい点は、本書では省略します。

　重量は比較的軽めです。女性が 4 〜 8 kg、男性が 12 〜 16kgですが、人によっては 16kgと24kgを使い分けています。

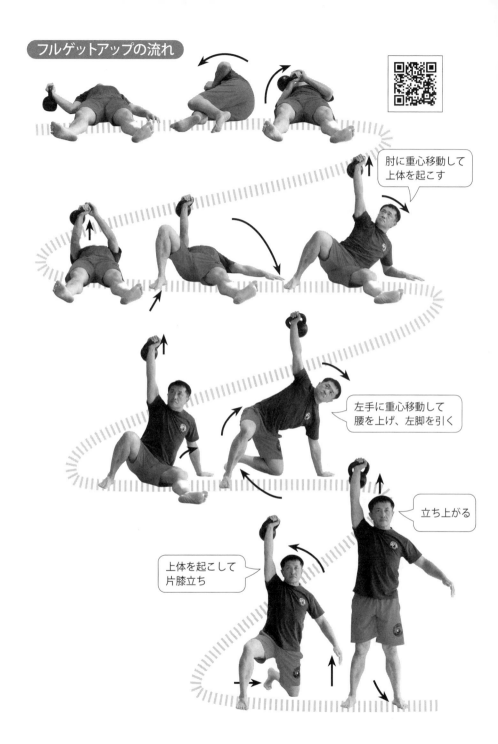

フルゲットアップの流れ

肘に重心移動して
上体を起こす

左手に重心移動して
腰を上げ、左脚を引く

立ち上がる

上体を起こして
片膝立ち

肘へのゲットアップ

　フルゲットアップの最初の部分は、仰向けになった状態からケトルベルを拾い、上へ挙げたところから反対側の肘へ重心移動します。

　この部分は、実は最も力を要するところです。40kgのような高重量でフルゲットアップを行う場合、ここを突破すると後が楽になるくらい、力を要するのです。「肘へのゲットアップ」は、フルゲットアップのこの部分に特化して行う方法です。

　この動作の範囲であれば、途中で動けなくなったり、疲れたりしても、すぐに床にケトルベルを戻せるので、比較的安全に行うことができます。

1．寝た姿勢でケトルベルを拾う

　ゲットアップの初動作は、ケトルベルを拾う動きです。

　寝た姿勢で両手でケトルベルのハンドルを抱え、そこから仰向けになってケトルベルのハンドルに4本指を通して握ったことを確認後、片手もしくは両手で上に挙げます。

　両脚は45度の角度に開きます。

2．肘で支えて上体を起こす

　反対側の手と胴体が30～45度の関係に配置されることを確認した後、ケトルベルを持った側の足裏で床を踏みつけながら反対側の肘へ重心移動します。

3．元の位置に戻り、繰り返す

　逆の順序で元の位置へ戻り、同じ動作を繰り返します。

　トレーニングのウォームアップとして、軽いケトルベルで左右5回ずつを2セット行うことをお勧めします。

　パワーや力をつけたい場合は、フルゲットアップできるかできないかの境界線の重さで、左右3回ずつを2セット行うとよいでしょう。

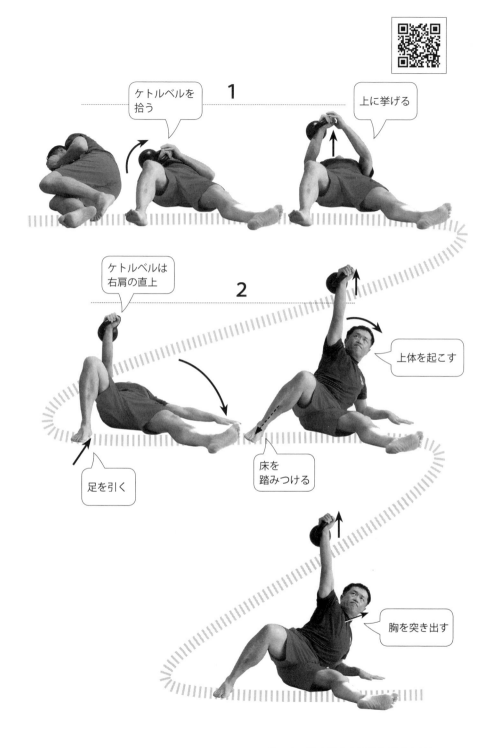

足が浮いてしまう場合は

　高重量（たとえば男性で40kg）で行う場合、上半身が起き上がる前に、伸ばした脚が浮いてしまうことがあります。これではバランスがとれないばかりか、脊柱周辺などの筋肉を不要に動員することになります。

　脚が浮くのは、ケトルベルより先に頭を最初に挙げようとしたり、腹腔圧が足りなかったりする場合に生じやすい状態です。

　そこで、スイングの章でも紹介した「腹腔圧仰向けドリル」を、ゲットアップの姿勢に近い形で行ってみましょう。脊柱ではなく、腹腔圧でゲットアップを安定して行うためのドリルです。

1．仰向けの状態になり、両足を上げる

2．脇腹を掴む

　下腹部の脇腹部分を左右から掴みます。親指が背部、4本指が腹部に当たるようにします。

　パートナーがいる場合は、直接下腹部へ圧力を加えてもらうとよいでしょう。

3．腹腔圧を高めて押し返す

　指やパートナーの手に対抗するように腹部を膨らませて、押し返します。

　このとき、腹部の力で頭を上げ、床から離しましょう。

4．腹腔圧を維持したまま、首をリラックスさせる

　腹部のテンションを極力維持したまま、頭を床へ戻します。

　そこで首をリラックスさせるため、頭を転がして左右を数回見ましょう。

　これを4〜5回行います。

　その後、再び「肘へのゲットアップ」を行ってみてください。

OK

NG

✕ ケトルベルより
先に頭を上げる

✕ 脚が浮いている

腹腔圧仰向けドリル (ver. ゲットアップ)

この後、腹腔圧を維
持したまま、頭を床
に戻し、首をリラッ
クスさせる。

指に対抗して
腹腔圧を高める

腹部の力で
頭を上げる

両手で
脇腹を掴む

パートナーに
圧力を加えて
もらってもよい

キューイング

「ケトルベルが身体を先導するように」

　床についた肘へ重心を移動する際は、頭や身体が先ではなく、ケトルベルが身体の動きを先導するイメージで行います。ケトルベルが先行し、その直下に肩を追従させるイメージを描くとやりやすくなります。

　右手でケトルベル持っている場合は、先にケトルベルを左方向へゆっくり移動させるのです。このときのケトルベルの移動が速すぎるとバランスを崩しますので、ゆっくり行うことが必要です。

　反対に、仰向けでケトルベルを掲げたあと、ケトルベルが不動のままだと、重心移動することができません。

「ケトルベルを見続けよう」

　ケトルベルを見続けましょう。目で見た情報が動作を導きます。

腹筋を感じる方法「壁に足裏を押しつける」

　肘へのゲットアップを安定させるには、伸ばしている方の足裏を壁に押しつけて行うとよいでしょう。壁や重い家具、屋外であれば大きい樹木や構造物へ足裏を押しつけながら行うのです。

　足裏が感覚受容器として作用し、腹筋群を活性させるため非常にスムーズに起き上がれるようになります。

　重いケトルベルで苦労している場合はぜひ活用してください。

　ペアードリルとしてパートナーに足裏を押してもらいながら行うことも可能です。

　これは「脚が浮いてしまう場合」の解決策にもなります。

ケトルベルが身体を先導する

a

b
ケトルベルが
先行する

ケトルベルを
見る

c
肩が
追従する

ケトルベルを
見る

a'

b'

c'

aのケトルベルの重心

bのケトルベルの重心

cのケトルベルの重心

肘へのゲットアップからスイープ

　フルゲットアップを男性で32kg、女性で16kg以上できていて、それより重いケトルベルを持っていない、あるいはより重いケトルベルへ進むには躊躇がある場合は、少し角度を変えるだけでも効果が変わってきます。

　通常のゲットアップは、肘を床から離したハーフ・ゲットアップの状態から脚を後ろへスイープ（掃くようにさげる）し、片膝立ちになります。

　ここでは、肘をついたまま脚をスイープして、片膝立ちになるのです。

　肘をついている側の肩に、軽い負荷と可動域拡大が見込めるでしょう。

1．肘へのゲットアップ

　「肘へのゲットアップ」を行い、静止します。

2．脚をスイープする

　肘をついた体勢で同じ側の脚をスイープします。この時点でケトルベルを目で追えなくなりますので、無理せず正面もしくは下についた手を見てください。

3．片膝立ちになる

　脚を引いた後に、反対側のかかとへ重心を移し、片膝立ちになります。
　さらにそこから立ち上がるか、元の位置に戻るかは自由です。

4．戻る際には

　元の位置に戻る際は肘を床につき、立ち上がる時にスイープした脚を前へ出して、背中を床へ着地させます。

　初めてこれを行うと、肘をついている側の肩関節に痛みを感じることがあります。その場合は痛くなる直前で動きを止め、戻る動作を行ってください。

　とくに「2．脚をスイープする」の際に痛みが発生するようなら、痛まない程度にスイープして再び脚を戻すことを繰り返してもよいです。

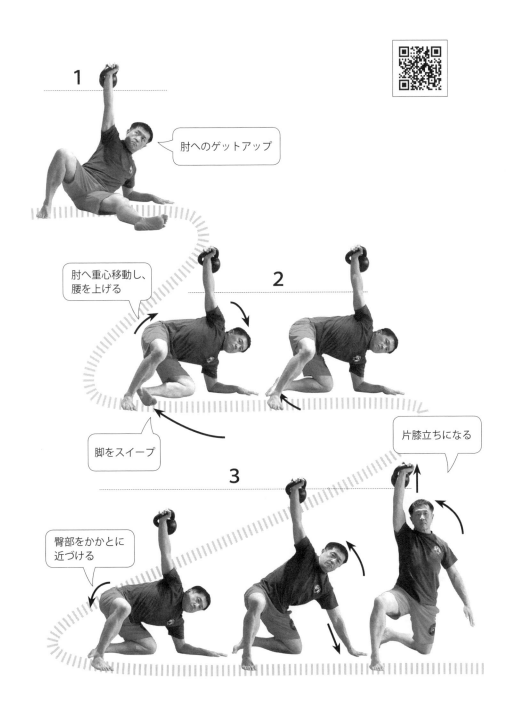

ハーフ・ゲットアップ

　ハーフ・ゲットアップは腹部と肩の連携を観察するのに適しており、指導の際には最初にこれを5回2セット行い、その状態を見て、その後のメニュー（ミリタリープレスやスナッチなどの肩を使う種目の回数など）を決めることがあります。

1．肘へのゲットアップ

2．腕を立てて、上体を支える
肘を床から離して、肘を伸ばし、手のひらで上体を支えます。

3．後ろへついた手の指先を後方へ向ける
指先を後方へ向けることで、上腕の外旋（外へ旋回）する動作が生まれます。

　ゲットアップは、ケトルベルを持つ側だけのトレーニングではありません。床に手をついた側の肩の外旋と内旋に加え、若干の水平面動作も関与してきます。手をついた側に意識を置くと、頭上のケトルベルが自然に安定するだけでなく、両肩関節の可動域を高める良い運動にもなるのです。

キューイング

「下の手が上のケトルベルの土台になる」
　左右の腕が一直線を形成することはあり得ませんが、上のケトルベルを下の手が土台として支えていることをイメージしてください（写真3）。

「目をケトルベルから手へ」
　ハーフ・ゲットアップでは原則的に目でケトルベルを追いますが、ケトルベルが頭上に安定した体勢で、首をゆっくり旋回させて下についた手を見ましょう。首の旋回で肩の可動域が改善されることがあり、また肩の可動域が広がることで、首の旋回範囲の制限が緩和されることもあります。

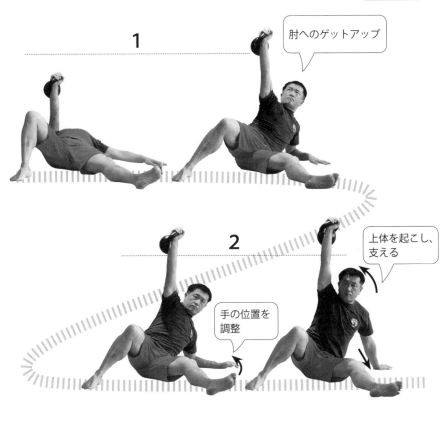

1

肘へのゲットアップ

2

手の位置を
調整

上体を起こし、
支える

3 横から撮影

指先を後方に
向ける

ハーフ・ゲットアップから片膝立ち

　ハーフ・ゲットアップの姿勢から片膝立ちになり、再びハーフ・ゲットアップへ戻る。この繰り返し動作は、左右の肩に、ほどよい負荷を与えてくれます。
　手に体重が常時かかることで、手のひらの触覚と両肩の動作の連動を感じ取ることができ、それに応じて身体が次第に適応していきます。

1．ハーフ・ゲットアップ

2．手をついたまま片膝を立てる

　前へ出した脚をスイープして、手をついたまま片膝を立てます。

3．上体を起こして片膝立ちになる

　手を床から離し、胴体を正面に向けた片膝立ちになります。
　床についた膝、骨盤、胴体の線が一直線になっていることが重要なポイントです。腹部の安定を意識するため、ここで1秒は静止しましょう。

4．ハーフゲットアップに戻る

　再び床へ手をつき、後方のかかとを骨盤の下へ移動。その後、後方の脚を前へ出して着座し、ハーフゲットアップに戻ります。

　左右それぞれ5回連続で行うとよい練習になります。
　また、ケトルベルを持たずに行っても、運動機能を向上させるウォームアップになります。

1

ハーフ・ゲットアップ

2

脚をスイープ

上体を支える

腰を浮かせる

3

上体を起こす

足の位置を
調整

キューイング

身体の制御は、床についた手の情報を元にしている

　頭上のケトルベルを安定させるには、ベースとなる手を安定させることから始まります。ケトルベルを持っている側も大事ですが、身体の制御は床についた手から得た情報を元にしています。

床につけた手のひらはピッタリとつける

　手をついている間、親指と人差し指が浮くことがあります。これを床にピッタリつけてください。

　指には1平方センチあたり2500もの受容体があるといわれています。手で感じる情報が、身体の動きを決めるといっても過言ではありません。

手や指が浮かないように
床にピッタリとつける

ハーフ・ゲットアップのバリエーション

　手を床から離さず、しっかりと着座しない方法もバリエーションとしてあります。

1.「ハーフ・ゲットアップから片膝立ち」で脚をスイープした姿勢から

2. 脚を前に出して、一瞬だけ臀部を床につける

3. すぐに腰を浮かせて、脚を戻す

一瞬だけ臀部を床につける

すぐに腰を浮かす

ニーリング・ウィンドミル

　ニーリング・ウィンドミルは、パーシャル・ゲットアップとウィンドミルをつなぐ種目です。

　手や肘を床につくことで身体を安定させながら、頭上へ重量物を上げ下げできるので、重量が頭上にある恐怖感をある程度和らげてくれる種目だと考えています。

　私のケトルベル指導では、左右5回ずつを2セット行うようにしています。

1．片膝立ちで、ラックポジションをつくる

　片膝立ちの姿勢で、足裏を床についている側の手でケトルベルのハンドルを掴み、もう一方の手を添えて、ラックポジションをつくります。

2．ケトルベルを頭上に挙げる

　片手で頭上へ挙げます。

　この時、床についている膝と骨盤、肩まで一直線を描いているイメージをします。膝をついている側の臀部を引き締めてください。

3．後ろの足のかかとを調整し、手を床につく

　後ろの足を前足のかかと真後ろに配置しながら、腰を引いて、膝の延長線上にある架空の線の上に手をつきます。

4．肘を床につく

　腰をさらに引いて、後ろ足のかかとへ座るように腰の位置を低くしてください。柔軟性にゆとりがある場合は、そのまま肘も床につけてください。

5．再び元の片膝立ち姿勢に戻り、同じ動作を繰り返す

　4に戻ってから、2まで戻ります。

　腰を引く動きは、わかりにくいかもしれませんが、スイングやスナッチのヒンジ動作を片側だけでやっていると考えてください。

1

2

3

腰を引く

4

腰をかかとに
近づける

膝をついている側の
臀部を引き締める

膝の延長上に
手を置く

左足

左膝

右足

左手

※手足の位置関係は個人差がある
ので、各自で調整すること

5

ニーリング・ウィンドミル（背中側）

2'

3'

4'

膝をついている側の臀部を引き締める

腰を引く

腰をかかとに近づける

肩の調整法としても使える

　肩の硬さなどの違いから、可動域が左右で違うことがあります。

　可動域の狭さや動きに引っかかりを感じた場合、その側のニーリング・ウィンドミルをゆっくり行い、上体を倒した姿勢でケトルベルを握る手を親指方向へ回してみましょう。可動域が緩和されることがあります。

親指方向へ
回す

ケトルベルインストラクター認定コースでニーリング・ウィンドミルを実施中の筆者。プロのインストラクターが集うなかでも使っているケトルベルは12kgと軽めです。

3 ウィンドミル

頭上の高重量に慣れる

　前著『ケトルベル マニュアル』では、片膝を床についた状態で行う「ニーリング・ウィンドミル」を紹介しました。本書では、立って行う通常の**「ウィンドミル」**と、それに付随して**「ロー・ウィンドミル」「ダブル・ウィンドミル」**を解説します。

　パーシャル・ゲットアップからニーリング・ウィンドミルまでの流れを行うと、ウィンドミルも自然にできてくるようになります。

　ウィンドミルは、胸椎の旋回と、腰のヒンジ動作を連動させた種目です。

　肩の柔軟性向上と強化に加え、骨盤周辺の可動域と腸脛靭帯を伸ばす効果があります。

　この効果に加え、本書で注目したいのが、頭上への高重量への慣れです。

　ウィンドミルは、48kgのような高重量を頭上へ挙げ、その高負荷の下で動くことが可能な数少ない種目ともいえます。

　Part.1で述べたように、ここでいう「高重量への慣れ」には、2つの意味があります。

　1つは、脳や筋肉、全身の感覚受容体を含めた身体に重量を体験させること。

　私たちの身体は、経験のない未知の重量に対して、身体を守るための保守的な反応をします。つまり、挙げたことにない重量を全力で挙げることによって、身体がダメージを受けてしまわないように、潜在意識で出力を抑えてしまう性質があるのです。

　そこで、やや軽い重量を使いながら、それよりも高負荷を感じられる種目を通して、あたかも高重量を挙げたことがあるかのような体験を身体に与えるのです。すると、身体が慣れていき、高重量に適応できるようになると考えられます。

もう1つは、精神的な慣れです。

ミリタリープレスやスナッチなどの種目で、直径の大きい高重量なケトルベルを頭上に挙げると、どうしても頭に落下する心配が頭をよぎります。身体ができていなくて、肩に不安があれば、なおさらです。

不安を感じると、身体は却って力を出さなくなります。不安に駆られると、自分の身体の状態を正しく感じられにくくなり、動けなくなってしまう経験を誰もがしたことがあるかと思います。

そこで、ウィンドミルやダブル・ウィンドミルで、頭上の高重量ケトルベルに慣れ、ミリタリープレスやスナッチの自信につなげるのです。

ウィンドミルのよくある間違い

ウィンドミルでよくある間違いを先に指摘しておくと、それは「脊柱を曲げること」です。

ウィンドミルは上体を倒すので、脊椎を曲げてしまいやすい種目です。しかし、脊柱の不自然な弯曲が脊柱やその周辺の筋肉にダメージを与えてしまう恐れがあるのは、本書でも何度も説明したとおりです。

柔軟性のある方で、ウィンドミルで下げた側の手を床につける人がいます。これを正しい方法として無理をしてまねをすると、脊柱を曲げてしまいやすくなります。

本書では、脊柱を守るために、無理に手を床方向へ下げることを推奨しません。腹腔圧を高めて、脊柱を守ることが大切なのです。

ウィンドミルでは上体を倒しますが、それは脊柱を曲げて行うのではなく、股関節の屈曲によって行っています。つまり、ヒンジ動作なのです。この点に注目して動作解説を読んでいただければと思います。

ウィンドミルの基本動作

ウィンドミルは、ケトルベルが頭上にある状態から始めます。

1．ケトルベルを頭上に挙げる

ケトルベルをミリタリープレスやスナッチ等で頭上へ挙げます。

ミリタリープレスやスナッチで頭上に挙がらないケトルベルは両手を使って挙げましょう。

2．つま先の向きを調整する

両方のつま先をケトルベルと反対側へ向けましょう。つまり右にケトルベルを持っている場合、両つま先を左方向へ向けるのです。

人によって柔軟性や体格が異なるので、最小限ケトルベルを持った側のつま先を正面、反対側のつま先を外方向へ向けてください。両足が平行に並ばなくても構いません。

3．腰を後ろに突き出しながら、上体を傾ける

ケトルベルを持った側の足に重心を置いたまま、腰を真後ろへ突き出します。重心をかけている側の膝はまっすぐ、その反対側の膝は曲げても、まっすぐでも構いません。

ケトルベルを持つ側とは反対側の肩を上方向へ向け、肘をまっすぐにしたまま、ケトルベルを後方へ引きます。

腰をそれ以上引くことができなくなった時点で、静止します。

4．姿勢を戻し、動作を繰り返す

そこから再び元の体勢に戻り、数回これを繰り返します。

ニーリング・ウィンドミルができる場合、それを直立状態で行うものだと考えてよいでしょう。上半身の動作はほぼ同じで、下半身の設定を調整するだけになります。

この動きに自信がない場合は、ケトルベルを持たずに練習してください。

キューイング

「誰かに後ろから尻を押されているのを想像する」

間違いの例として、ケトルベルを持った側の足に重心を残さず、前へ倒れ込むような形があります。

重心は、ケトルベルを持った側の足にかかっていなければなりません。

足に重心を残すには、誰かに後ろから尻を押されているのを想像し、それを押し返すようにして尻を後ろへ引きます。

実際に誰かに押してもらって、感覚を覚えることも有効です。

「腹腔圧を維持したままで身体を傾ける」

身体を傾けるにつれて、脊柱にかかる負荷が増す恐れがあります。

腹腔圧をしっかり維持することで、脊柱に負担をかけないように身体を傾けることが、ポイントになります。

スイングの章でも説明した「腹腔圧仰向けドリル」（82 ページ参照）を取り入れてください。

「下げた手で鼠径部を押してヒンジを確認」

　上半身を倒す動作は、両足を斜め方向に向けたヒンジ動作です。ヒンジ動作を意識づけるために、下げた手で鼠径部を押し、臀部を後ろへ押し出してみましょう。

　また、手で鼠径部から膝までを撫でることで、フォーム意識の確認もできます。

手刀を鼠径部に当てて、
殿部を後ろに押し出す

鼠径部から膝にかけて
手のひらで撫でる

不自然な脊柱の弯曲を整えるドリル

　先にも述べましたが、ウィンドミルでよくある間違いが、脊柱を曲げることです。

　下にある手を床につけることが正しいと誤解されることがありますが、無理にそれを行うと背中が曲がってしまいます。腹腔圧も維持できず、脊柱やその周辺の筋肉に大きな負担を与えてしまうからです。

　ウィンドミルは、臀部を後方へ押し出せなくなった時点で静止してから、元の位置へ戻すという動作で十分だと私は考えています。

　ただ、背中を曲げることが癖になってしまっている場合、なかなか意識して変えることが難しいことがあります。

　その場合、空いている腕を背中へ回してウィンドミルを行ってみてください。臀部を後ろへ下げたところで、自然に下降にブレーキがかかり、脊柱が曲がることを防いでくれます。

　これを数セット行った後に、通常のウィンドミルに戻しましょう。

NG

✕ 脊柱を曲げている

✕ 床に手をつこうとして、無理に手を下げる

※怪我の恐れのある姿勢であるため、ケトルベルを持たずに行っています。

不自然な脊柱の弯曲を整えるドリル

手を後ろへ回すと脊柱の弯曲にブレーキがかかる

ロー・ウィンドミル

　ロー・ウィンドミルは、挙げる側の手にはケトルベルを持たず、下にある側の手で提げる方法です。

　挙げた手に負荷がないことで肩の動きの自由度が増す反面、ヒンジ動作に負荷が加わり、下半身動力と肩の連携をトレーニングするのに適しています。

　身体にかかる負荷を変えて力の流れを感じる、あるいはヒンジ動作の使い方を身につけるために有効です。

　また、ウィンドミルで左右差を感じた場合、ロー・ウィンドミルでその差を縮めることも可能です。

1．片手を挙げ、下げている手でケトルベルを提げる

　このときの足の配置動作は、ウィンドミルとまったく同じです。

2．挙げた腕を旋回させながら、腰を後ろにさげる

　上に挙げている腕は、肘を伸ばしたまま小指方向へ旋回してください。同時に後ろに腰を引いて、上体を傾けます。

　脊柱を湾曲させないよう、臀部が下がった時点でブレーキをかけます。

　この時の重心は、ウィンドミルと同様です。手を挙げている側に重心を置く点は変わりません。

3．姿勢を戻し、動作を繰り返す

　臀部が下がり切った時点で再び立ち上がります。その際、今度は手を親指方向へ旋回しましょう。

　力の流れは、足裏から様々なルートを通って、右から左、左から右へ交差していきます。ロー・ウィンドミルで、手を旋回させながら股関節をヒンジさせることで、それを身体に習得させることができるのです。

1

両足つま先を
左に向ける

2

親指方向へ
旋回

小指方向へ
旋回

腰を引く

ダブル・ウィンドミル

　ウィンドミルとロー・ウィンドミルの組み合わせで、ダブル・ウィンドミルができます。上下に持った2つのケトルベルを合計した重量を、身体で操作するトレーニングであり、筋力やパワーを作るために有効です。

　仮に上下に48kgのケトルベルを持つと、合計96kgの荷重を扱うことになります。48kg2つのダブル・クリーンやダブル・スイングが難しい場合にできる数少ない高負荷の種目です。

　上に16kg、下に40kgのように、それぞれ異なる重量の組み合わせでバリエーションをつけてもよいでしょう。

　動作の注意点、キューイングは片腕で行うウィンドミルと同じです。

1．1つめのケトルベルを頭上に挙げる
　1つめのケトルベルを、ミリタリープレスやスナッチで頭上に挙げます。高重量のケトルベルはクリーンした後、両手を使って頭上へ挙げましょう。

2．下に下ろした手で2つめのケトルベルを提げて直立する
　頭上にケトルベルを保持したまま、床に置いたケトルベルをもう一方の手で握ります。この時点では膝を曲げてしゃがんでも構いませんが、頭上のケトルベルによってバランスを崩されないように注意してください。

3．臀部を後方へ下げて、上体を傾ける
　つま先の方向を頭上のケトルベルとは反対方向へ向けてください。
　ケトルベルを頭上に挙げている側の膝をまっすぐにしたまま、臀部を後ろに下げてヒンジし、上体を倒します。このとき、下のケトルベルにつられて脊柱を弯曲させないよう腹腔圧を高めましょう。

4．姿勢を戻し、動作を繰り返す
　臀部が後ろに下がり切った時点で再び立ち上がります。

1

2

3

腰を引く

腹腔圧を高める

4

両足つま先を左に向ける

「アンカー」を使ったトレーニング

　ダブル・ウィンドミルのように、１つのケトルベルを一方の手に提げたま
ま、もう一方の手で持ったケトルベルで種目の動きをするトレーニング方法
があります。このとき、提げているケトルベルを「アンカー」と呼びます。

　代表的なのが、アンカー・ミリタリープレスやアンカー・スナッチです。
いずれもダブル・ウィンドミルのように、アンカーとなるケトルベルを持ち
ながら、ミリタリープレスやスナッチを行います。

アンカー・ミリタリープレス

アンカー

アンカーを使ったトレーニングでは、両手で持った合計の重量が身体にかかる上に、アンカー側の腕が不動となるために、バランスを保つことが難しくなり、腹腔圧を維持する力が試されます。

　また、ミリタリープレスやスナッチのバリエーションを増やすことができ、新たな運動単位の動員を体験することができます。

アンカー・スナッチ

アンカー

4 スナッチ

基本種目の集大成

　スナッチは、スイング、クリーン、ミリタリープレスの集大成です。

　スイングで用いる下半身の動力、クリーンで用いる肩の高さに浮いたケトルベルを引く動作、ミリタリープレスの最終形。これらを組み合わせると、スナッチになります。

　スイング、クリーン、ミリタリープレスの反復が自然とスナッチへの練習になると考えると、わかりやすいかと思います。もちろんスナッチ特有の動きはありますが、概ねそれらの動きは自然とできるようになります。とくに、しっかりしたスイングが身についていれば、大半の人がすぐにスナッチもできるようになります。

　肩の可動域を広げると実施しやすくなりますので、パーシャル・ゲットアップやウィンドミルを取り入ることも有効です。

　スナッチの特徴としては、ミリタリープレスやゲットアップのように時間をかけることなく、一瞬の反動でケトルベルが挙がるため、1回のトレーニングで数十回単位行うことができます。

　連続して行うことで持久力の向上に、集中度や重量を高めることで瞬発力の向上に役立ちます。

　また、首や肩の筋肉の強化と柔軟性向上にも一役買います。私個人の経験としては、格闘技のスパーリングで顔面にパンチを受けた時のダメージが軽減されたことから、この効果が実感できました。

　一方で、ミリタリープレスで挙がらないケトルベルを、何度も頭上へ振り挙げることで、頭上の重量に慣れるトレーニングにもなります。

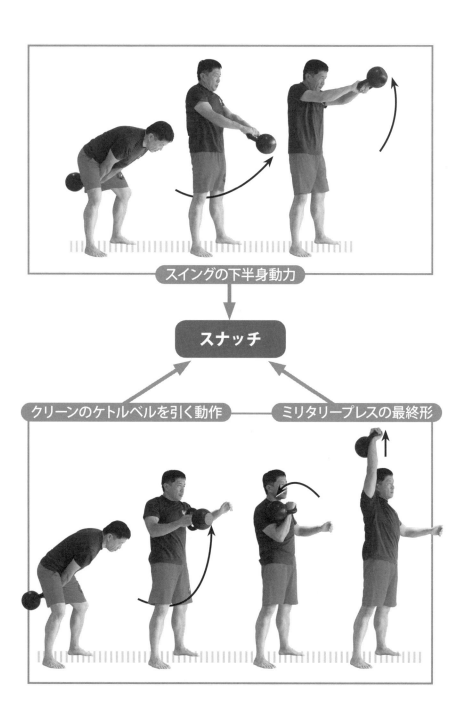

スイングの下半身動力

スナッチ

クリーンのケトルベルを引く動作

ミリタリープレスの最終形

スナッチの基本動作

1．セットアップ＆ウェッジからバックスイング
　スイングと同様にセットアップし、バックスイングしてください。

2．振り挙げる
　スイングよりも高く振り挙げ、肩の高さで引きつけて、ケトルベルをコントロールします。

3．頭上で腕を伸ばし、静止する

4．同じ軌道で下ろす

　スナッチはスイングがベースです。下半身の動力でケトルベルを頭上へ挙げるのです。これを意識せずに怠ると、次のようなことがよく起こります。

・頭上までケトルベルを目で追う
　頭上までケトルベルを目で追うと、それに先導されて上半身が傾き、バランスを崩しやすくなります。その結果、ケトルベルが前腕に衝突し、痛い思いをする原因となります。
　土台の力を失ったスナッチは不安定なだけでなく危険です。これもケトルベルが前腕に衝突する原因になります。
　前腕に限らず、ケトルベルの身体への衝突は精神的にも衝撃になり、スナッチに苦手意識を持つなどの原因にもなります。
　スイング同様、足を踏み込んだ勢いでケトルベルを頭上まで持っていきましょう。腕は脱力し、ケトルベルの軌道を補正するだけに使いましょう。

・腕でケトルベルを頭上まで力ずくで振り挙げようとする
　下半身の動力が不足すると、ケトルベルが頭上まで挙がりません。すると腕の力で突き上げようとする動きが発生し、本来の主旨とは異なる動きになります。これがクセになると効果も半減するでしょう。

完璧なフォームを続けるために

SFG のインストラクター認定試験では、スナッチ・テストが行われます。

50 歳未満で体重 68kg 以上の男性なら 24kg のケトルベルで、女性なら体重に応じて 12 ～ 16kg のケトルベルで、5 分以内に 100 回のスナッチを行うというものです。

制限時間の 5 分以内なら、ケトルベルを床に置くことも、左右の持ち替えも認められていますが、ケトルベルを落としたり、フォームの崩れが 3 回発生したりすれば失格です。240 ページに紹介したような腕の力で突き上げるスナッチによって失格になることが多いようです。

要するに、**完璧なフォームを、パワーと持久力を 5 分間で 100 回維持することを求められているわけです**。逆にいうと、完璧なスナッチを連続して続けることは難しいことであり、上級者を目指すための関門になるのです。

本項では、何がその関門の突破を阻んでいるのか考えてみましょう。

スパイラル・ラインとスナッチ

スナッチは、足裏から上半身に至るまで多くの筋肉を連動させます。

そうした全身の連動がどのようにして起きるのか。その説明の 1 つに、「スパイラル・ライン」があります。

たとえば、歩くときや走るとき、軸足とは反対側の腕を振ります。足裏で得た力が反対側の肩へと伝わっているのです。その流れは対角線にまっすぐというよりも、軸足から骨盤、腹斜筋、前鋸筋へ、全身をらせん状に連動して伝わっていくのです。

格闘技の回し蹴りでも、蹴り足が上がるのと同時に、蹴り足と同じ側の腕（つまり軸足とは対角の腕）が振り下ろされるのは、スパイラル・ラインの連動の現れです。

一説には、スパイラル・ラインは、筋肉を包む膜（筋膜）同士の接点によって、別々の筋肉の連動が起きていると説明されています。

さて、ケトルベルのスナッチは、このスパイラル・ラインがよく感じられる種目です。

下の写真のように右の頭上にケトルベルがある場合、力のベースとなるのは、左足裏です。左足裏から、骨盤、左の内腹斜筋へ伝わり、そこから右へ交差して外腹斜筋、背後にかかる右前鋸筋へ、背後で右菱形筋群を介して、左側の頭板状筋と頸板状筋へと伝わるのです。

　したがって、スナッチを強化し、より高いスタビリティで行いたい場合や、疲れて不安定になりがちな場合には、挙げる手とは反対側の足を思い切り踏み締めると、スナッチの安定が実感できるはずです。

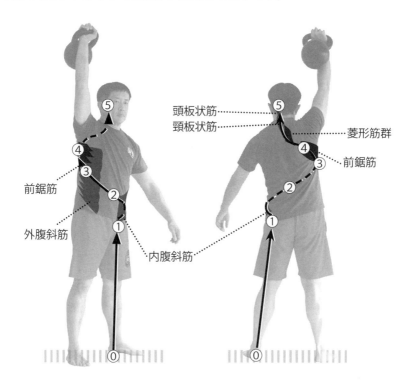

⓪～① 　足裏から骨盤
①～② 　左の内腹斜筋
②～③ 　右の外腹斜筋
③～④ 　背後へまわって右の前鋸筋
④～⑤ 　右の菱形筋（大小）、左の頭板状筋と頸板状筋

以降も左側の脊柱起立筋を下方向へたどりますが、
スナッチについては①～④の意識が最も強いのです。

腹筋群と心拍数

　注目したいのは、スパイラル・ラインの連動に、腹筋群が動員されている点です。腹筋群といえば、呼吸にも、腹腔圧を高めて体幹を維持することにも動員される筋肉です。

　スナッチのような全身を一瞬で連動させる運動を連続して行うと、心拍数は上がり、呼吸が早くなります。すると腹筋群は、フォームの維持か、酸素の補給かのどちらかの選択を迫られるのです。

　通常、息が上がると腹筋は呼吸を優先するので、全身の連動も体幹も維持もできなくなって、フォームも崩れていきます。

　つまり、呼吸と連動の２つを両立させる身体の使い方の習得と、トレーニングが必要になるのです。

　そこで、まず心拍数が上下する仕組みを、簡単に説明します。

　心拍数をはじめ、血圧や血流量など、身体の機能をできるだけ一定に保とうとする働きを人間は持っています。この働きを「恒常性（ホメオスタシス）」と呼びます。

　この恒常性に重要な役割を担うのが、自律神経です。自律神経には交感神経と副交感神経があり、これらがアクセルとブレーキのようにバランスをとっています。この働きは、自動的に行われ、意識されることはありません。

交感神経

　交感神経はアクセルの役割です。危険に直面したときのサバイバルのために発動し、身体的な負荷や精神的な圧迫など、心身にストレスを感じるとコルチゾールやアドレナリンなど、「ストレスホルモン」が分泌されます。

　ストレスホルモンは、血糖量の上昇や心拍数の増加、血圧の上昇などをもたらし、逃げる、戦うなど、生き抜くための行動の備えをします。

副交感神経

　副交感神経はブレーキの役割です。リラックスして、身体を休めるときに発動し、心拍数や血圧の低下をもたらします。身体の回復や成長を促すのが、副交感神経です。

スナッチのような瞬発力を発揮する運動では、交感神経が強く働きます。また、スイングと比べてスナッチは、身体（とくに肩周辺）に加わる衝撃が大きく、交感神経を刺激しやすい種目だといえます。

　加えて、身体に痛みを与えたり、脊柱周辺の筋肉に強い負荷を与えたりすると、身の危険を感じて、交感神経をさらに強く働かせることになります。

　さらに、高重量への心理的な不安や緊張も、交感神経を刺激します。

　心拍数の上昇は、横隔膜の激しい伸縮をもたらし、呼吸に関わる体幹の筋肉群も激しく伸縮します。すると腹腔圧の維持も難しくなり、スパイラル・ラインによる全身の連動を揺るがすことになります。

参考：自律神経の働きの表

	交感神経	副交感神経
働く場面	・活動時 ・緊張 ・ストレス時	・休息 ・睡眠 ・リラックス時
血管	血管収縮	血管拡張
脈拍	速くなる	遅くなる
血圧	上昇	下降
胃液	分泌抑制	分泌増加
消化管運動	抑制	亢進
筋肉	緊張	弛緩

交感神経を過度に刺激しないスナッチを目指して

心拍数が上がる仕組みから、交感神経への過剰な刺激が、高回数のスナッチに悪影響を及ぼすことがわかります。つまり心拍数を上げすぎず一定に維持することが、高回数のスナッチを成功させる鍵になると考えられます。

私が2007年に受けたスナッチ・テストを余裕で合格できたのは、交換神経を過度に刺激しなかったからではないかと考えています。

以下にトレーニング方法を紹介します。

小刻みなセットで高回数をこなす

1セットあたりの回数は少なくてよいので、小刻みに数セットにわたって合計左右それぞれ50回以上のスナッチを週2回行います。

高重量で瞬発力をつける

高重量のスナッチで瞬発力をつけると、軽いケトルベルで心拍数を上げることなくスナッチができるようになります。そこで、トレーニングに高重量・低回数メニューを取り入れ、軽いケトルベルでの高回数のスナッチへつなげます。

高重量での瞬発力を向上させるスナッチ（※1）に慣れるにつれて休憩時間を短縮し、10回を2～3セットできるようになった時点で、軽いケトルベルで持久力を向上させるスナッチ（※2）をしてみましょう。

※1）瞬発力を向上させるスナッチ

回数は1セットあたり5～10回を、5～10セット。
セット間の休憩は、会話できる程度に心拍数が収まるまで待ちます。
使用する重量は、普段24kgを使う男性なら32kg以上、普段16kgを使う女性なら20kg以上が目安です。これらに当てはまらない方は体重やスキルに応じて重さを選んでください。

※2）持久力を向上させるスナッチ

1セットで軽い重量で連続して高回数をこなし、心拍数を上げます。8～16回を左右1回持ち替えて連続して行うと心肺機能を向上させます。
使用する重量は、男性で体重の1/3以下、女性で体重の1/4以下が目安です。

頭上で1秒間は静止できるようにする

　頭上にケトルベルを挙げたとき、最低1秒間は静止できるようになりましょう。安定してケトルベルを頭上に維持できる安心感は、心拍数を上げることがありません。腕が耳の真横もしくは少し後ろ、腹筋で頭上のケトルベルを支えているイメージが描けるとよいでしょう。

　安定して静止できるようになるためには、スナッチで用いるものより高重量のケトルベルでのゲットアップで身体を強化することや、オーバーヘッドウォーク（※3）が効果的です。

下半身主導の動きを身につける

　スイングの繰り返しを通して、下半身の動力を活用することと、上半身に無駄な力が入らない身体の使い方を身につけてください。スナッチでもこれを応用して、上半身に力がこもる動作を最小限にとどめてください。

※3）オーバーヘッドウォーク

　ケトルベルをスナッチし、頭上に挙げた状態で歩きます。10メートルの歩行（屋内の場合10メートル相当の足踏み）をした後に、左右持ち替えて再び行います。
　複数セット行う場合は、歩数を増減してください。
例：10メートル、7メートル、15メートル、3メートル等

フロント・スナッチ

　スナッチを行うたびに前腕へケトルベルを激しくぶつけるという悩みを聞きます。ケトルベルが前腕を直撃する前に自分のこぶしを突き上げることがポイントになるのですが、それでもタイミングが難しいことがあります。

　では、ケトルベルが低い位置にあるタイミングで腕を突き出してはどうでしょう。フロント・スナッチではケトルベルを肩の高さで前腕に乗せます。これで前腕にケトルベルをソフト・ランディングさせる感覚を養うのです。

1．セットアップからスイング
スイングと同様にケトルベルを前に振り出します。

2．前腕にケトルベルを乗せて一瞬静止する
　ウエストラインの高さにケトルベルが達したタイミングで、パンチするように勢いよく腕を前に突き上げると、ケトルベルが前腕にスムーズに乗ります。

　このタイミングを逃さないでください。ケトルベルを後追いして腕を突き出したり、腕を突き出す動作に遠慮があると、前腕に勢いよく当たるか、あるいはケトルベルが回転することなく落下します。

　肘を伸ばし切り、前腕にケトルベルを乗せて一瞬静止しましょう。

3．振り下ろして、繰り返す

　写真ではケトルベルを引いているように見えますが、実はパンチするように腕を突き上げる感覚のほうが近いです。

　なお、力があると、前腕に軽いケトルベルを乗せたまま数秒間静止することも可能です。私の場合、通常24〜32kgでスナッチを行っていますが、16kgのケトルベルでこのフロント・スナッチを行うと、前腕に乗せたまま静止できます。肩の強化トレーニングにもなるので、できる人は軽めのケトルベルで試してください。

パンチするように腕を突き上げる

ダブル・ハイプル

　252 ページのダブル・スナッチを行う大前提として、ダブル・スイングとスナッチを身につけていること、加えてこのダブル・ハイプルで肩の高さまで振り挙げたケトルベルを制御できることが推奨されます。

　使用するケトルベルの重量は、必ずダブル・スイングで肩の高さまで挙がる重量、もしくはそれ以下にしましょう。

　なお、標準体型の男性の場合、32kgを超える重量でのダブル・ハイプルはお勧めしません。大きすぎる荷重は、身体のバランスや骨格と釣り合わないばかりか、肘や手首などの関節に不要な負荷がかかって怪我の原因になります。

1．ダブル・スイングの要領で振り挙げる

2．肩の高さでケトルベルを引く

　肩の高さにケトルベルが達するタイミングで、両肘を後ろへ引いてケトルベルを引き寄せます。

　写真では額の高さまでケトルベルが振り挙げていますが、高さは人それぞれです。肩の高さに達していればよいのです。

3．ケトルベル同士を寄せて振り下ろす

　肩の高さで肘を引いたことで、左右のケトルベルは中心から外側へ移動しています。そのまま振り下ろすと、ケトルベルが膝を直撃する危険性があります。振り下ろす際は、必ずケトルベル同士を身体の中心線へ寄せるように制御してください。

　使用する重量にダブル・スイングで肩の高さまで挙がるものを選ぶ理由は、重すぎると振り下ろす時に制御できなくなる恐れがあるためでもあります。

1

2

肩の高さで引く

3

ケトルベル同士を
引き寄せる

ダブル・スナッチ

　寒い部屋でも暖房をつけずに温かく過ごせる。ダブル・スナッチは、それほどのインパクトを身体に与え、それだけに心拍数も一気に上がります。

　1つ20kgのケトルベルであれば、2つで合計40kgの荷重が遠心力によって数倍のパワーになって一気に肩へ波及すること考えると、確かに瞬発力向上の種目です。

　ただ、私はダブル・スナッチを娯楽種目として位置づけています。どれだけの重量を何回、頭上へ一気に挙げられるかという挑戦が楽しいのです。予測不能な重力がかかる遊園地の乗り物同様、ダブル・スナッチも予想だにしない荷重が予想外のタイミングでかかるため、ちょっとしたジェットコースターに乗った後の満足感に通じるものがあるのです。

　ダブル・スナッチを初めて行う際は、必ず場所を選びましょう。屋外など、ケトルベルを落下させても差し障りのない場所で行うことを推奨します。

　使用する重量は、普段ダブル・スイングを行っている重量より1段階軽いものを選ぶことをお勧めします。男性が28kgや32kgで行う場合は屋外が必須です。女性の場合、ケトルベル2つの合計重量が、体重の半分以上になる場合は屋外で行いましょう。

　5回から最大20回連続してできればよいと考えています。とくにこれに特化したトレーニングメニューはありませんが、トレーニングの気晴らしに取り入れるのがよいかと思います。

1．ダブル・ハイプルから上へ挙げ、頭上で止める

　ケトルベル2つをハイプルの高さまで引きつけた後に、腕を上へ突き挙げ、静止します。

2．ラックポジションへ下ろす

　通常のスナッチのように頭上から直接振り下ろすと、膝を直撃する危険性があります。それを200％防ぐためにも、いったんラックポジションにケトルベルを格納してください。そこから下へ振り下ろして、再び振り挙げる動作を繰り返しましょう。

1

上へ
突き挙げる

2

ラックポジションへ
下ろす

ラックポジションから下ろすときの注意点

　ラックポジションから下ろすときは、ケトルベルを膝にぶつけないように両手を寄せながら、両足の間を通し、後ろに振ってください。

ケトルベル同士を引き寄せる

Part.5
トレーニング
メニュー

トレーニングとは無理を重ねることではない。
正しい努力を積み重ねる行為だ。
「できるだけ頻繁に、かつ疲れない程度に」。
この基本原則のもと、自分のための
メニューを作ってほしい。
けっして愚か者になることなかれ！

1 健全なトレーニングのために

「疲労は全員を愚か者に変える」
───ヴィンス・ロンバルディ
（プロ アメリカン・フットボールの伝説的名監督）

　トレーニングメニューの目標は、「効率よく成果を出すこと」と考えられますが、そこには「健全に続けること」という但し書きが付くことが忘れられがちです。その但し書きは、10年後、20年後の健康へ悪影響が及ばないためにも重要なことです。

　トレーニングを健全に続けるための基本原則は、「できるだけ頻繁に、かつ疲れない程度に」です。

　トレーニングを頻繁に行いたいのは、パート1でお話ししたように、ピーキングとピークアウトを繰り返すようなトレーニング方法ではなく、「常に湯を沸かすごとく」身体を鍛えたいからです（30ページ参照）。

　また、疲れない程度にトレーニングすべきなのは、疲労が溜まることで筋肉が硬くなり、感覚も鈍らせてしまうからです。上記のロンバルディ氏の言葉のごとく、冷静な判断力も失わせ、フォームも崩れてしまうでしょう。それでは身体を痛めやすく、健全なトレーニングとはいえません。

　この原則を守るために、どのような取り組みをするべきか、その考え方を主に説明していきます。

　まず、最初に知っていただきたいのは、人体のエネルギーシステムと、トレーニングメニューの関係についてです。

3つのエネルギーシステム

　筋肉は、ATP（アデノシン三リン酸、Adenosine Tri-Phosphate）という物質からリン酸が分離するときに生じるエネルギーによって収縮します。

　ATPを消費すれば、補給しなければなりませんから、そのためのシステムとして、次の3種類の仕組みが身体には用意されています。注目したいのは、力の発揮のされ方や時間によって働く仕組みが違う点です。

① ATP/CP系　：短期的エネルギーシステム
　高重量を挙げるなど、瞬発力を要す動作に使われますが、6秒程度をピークに枯渇していきます。

②嫌気的解糖系　：中期的エネルギーシステム
　一般的に無酸素運動と呼ばれ、30秒程度の間、エネルギーを作ることができ、60～120秒ほど運動を継続できます。

③好気的解糖系　：長期的エネルギーシステム
　一般に有酸素運動と呼ばれ、低強度で力をあまり要しない持久力運動に継続的にエネルギーを供給します。

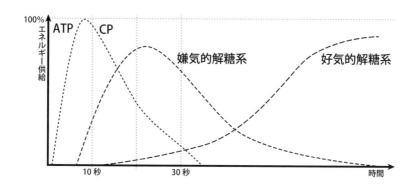

3種類のエネルギーシステムをもう少し詳しく説明します。

① ATP/CP 系

ATP がリン酸（P）とアデノシン二リン酸（ADP）に分解される際に生じるエネルギーを利用し、筋肉を収縮させます。このとき発生した ADP には、筋肉内に蓄えられたクレアチンリン酸（CrP）からリン酸が供給され、ATP が再生産されます。筋肉内のクレアチンリン酸が有限なので、このエネルギーシステムによる出力は6秒がピークで、継続時間は8秒程度とされています。

なお、このエネルギーシステムは酸素を必要としない「嫌気的代謝」です。

②嫌気的解糖系

糖（グリコーゲン）を分解して ATP を生成するエネルギーシステムを解糖系といい、そのうち酸素を必要としない前半部分が「嫌気的解糖系」です。

この過程で生じるピルビン酸は③好気的解糖系で再利用されますが、一時的に乳酸へと変化します。乳酸は、再びグリコーゲンに合成され（糖新生）、エネルギーとして再利用されます。

この嫌気的解糖系は、① ATP/CP 系よりも遅く反応が始まり、その後30秒程度の間、エネルギーを作ることができ、60 〜 120 秒程度、運動を継続できます。

③好気的解糖系

脂肪や、②嫌気的解糖系で生じたピルビン酸から作ったアセチル CoA をミトコンドリア内で処理し、ATP を作り出すエネルギーシステムです。

この反応には酸素が必要なので、「好気的解糖系」と呼ばれます。

②嫌気的解糖系で作った ATP が減少していくにつれて、③好気的解糖系の ATP に移行していき、以降長時間にわたって ATP を作り続けます。長距離走のような、いわゆる有酸素運動で活躍するエネルギーシステムです。

なお、飢餓状態においては、筋肉のタンパク質を分解してピルビン酸を得て、この好気的解糖系によって ATP を作ることもあります。食事を抜いたトレーニングやダイエットで筋肉量が低下してしまうのは、この仕組みが働くからです（294 ページ「5．トレーニングと食事」参照）。

ATP/CP系

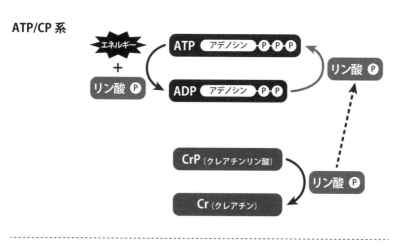

嫌気的解糖系
（乳酸系）

好気的解糖系

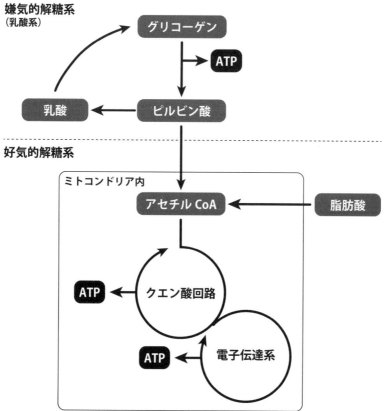

息を止めても有酸素運動

　『スーパートレーニング』の著者メル・シフ博士によると、多くの競技が① ATP/CP 系もしくは③好気的解糖系を主に用いており、②嫌気的解糖系システムを使うものはごく限られているといわれています。たとえば、短距離走は① ATP/CP 系、マラソンは③好気的解糖系です。競泳の 200 メートルと 400 メートル、陸上の 800 ～ 3000 メートル走では②嫌気的解糖系を幾分か使っているものの、これらは稀な例なのだそうです。

　なお、運動を「無酸素運動」と「有酸素運動」に区別することがありますが、これは運動中にどのように息をしているかの違いではなく、ATP を作り出すエネルギーシステムに酸素が関わっているかいないかの違いです。

　たとえば、瞬発力を発揮する瞬間に意図的に息を吸っても無酸素運動（① ATP/CP 系）ですし、息を止めたまま長距離を走ることができたとしても有酸素運動（③好気的解糖系）です。つまり、使用するエネルギーシステムを意識的に切り替えることはできないのです。

　では、エネルギーシステムについて学ぶことに意味がないのでしょうか？もちろん、そんなことはありません。皮膚の下で起きていることを知ることは、健全に強くなるためのヒントになるのです。

血液が酸化する？

　②嫌気性解糖系の説明の中で、乳酸という物質が登場しました。乳酸といえば「疲労物質」とよくいわれますが、最近では、乳酸そのものが運動能力を低下させる原因物質ではないと考えられています。

　疲労によって動けなくなることへの説明としては、「乳酸がグリコーゲンに合成される過程で生じる水素イオンによって、血液が若干酸性に傾くこと」、「筋肉に蓄えられていたエネルギー源（ATP やクレアチンリン酸）が消費されて、補給が間に合っていないこと」、「クレアチンリン酸の分解によって生じるリン酸が筋肉の収縮を妨げていること」が挙げられます。

　こうした状態では一時的に血液中の乳酸の量が増えるため、乳酸値が疲労度を示す指標として用いられ、乳酸が急激に溜まり始める運動強度を「乳酸閾値」といいます。つまり、運動強度が乳酸閾値を超えるときに、筋肉に溜まった乳酸の処理が間に合わなくなる、ということです。

なお、血液が酸性に傾くこと（アシドーシスといいます）は、軽度であればすぐに身体に悪影響を及ぼすことはないと考えられています。呼吸や排尿などで調整されるからです。

　ただ、アシドーシスは、「呼吸器や呼吸中枢の機能低下」（呼吸で生じる二酸化炭素がうまく排出できていない状態）や、「腎臓の機能低下」（腎臓による血液の浄化機能がうまく働いていない状態）などの指標として使われます。

　つまり、心肺機能や血液の浄化機能が健康なうちは、軽度なアシドーシスは自然に解消されますが、頻繁かつ長期に繰り返されれば健康にどんな害を及ぼすのかわかりません。

　長期的にみれば、誰しも加齢による身体機能の低下が起きます。身体に害を及ぼさないように健全にトレーニングを継続するためには、水素イオンが増えやすい（＝乳酸を溜め込みやすい）中期的エネルギーシステム（嫌気的解糖系）にできるだけ頼らない方法をとるほうがよいと考えられます。

　下の図でいえば、嫌気的解糖系が働きやすい時間や運動強度を理解して、その領域を極力避ける方法を模索していきたいところです。

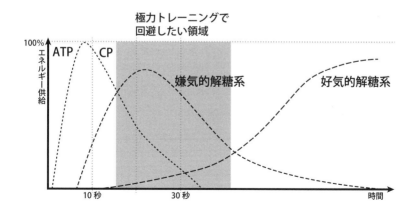

疲労を溜めないための指針

　ケトルベルのトレーニングには、瞬発力を使うものも、持久力を使うものもあります。種目ごとにエネルギーシステムの働き方は違いますし、組み合わせも可能です。また、どのくらいの運動強度で、②嫌気性解糖系が働き出すのかは、人によって違いがあります。性別や年齢はもちろん、運動習慣の有無や運動頻度によって、疲労の溜まりやすさが違うからです。

　エネルギーシステムを踏まえて、個々人の状態に合わせて行う、ケトルベル・トレーニングの指針を考えてみたいと思います。

ATP/CP系主導の時間で1セットを決める

　一般にATP/CP系が発揮されるのは、30秒程度です。これを超えて強度の強い運動を続けると、嫌気的解糖系が働き出すとされています。

　ただ、フレッド・ハットフィールド博士によると、最大重量への挑戦では、最初の1.26秒でATP/CPで作られたエネルギーの大半を消耗し、それが枯渇すると嫌気的解糖系に切り替わるのだそうです。

　これは、扱う重量が変われば、運動強度も変わり、エネルギーシステムが切り替わるタイミングも変わることを示しています。つまり、どの重量で何回、何セット行うべきかは一概には定められず、それぞれの運動能力に合わせて個々人で基準を作るしかないのです。

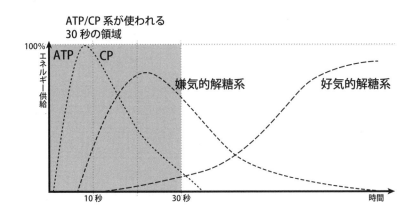

私自身の基準を参考までに書きます。

スイング、スナッチ
1セットを30秒以内とすると、目安は次のようになります。

　　ツーアーム・スイングは20回。
　　ワンアーム・スイングは左右10回ずつ。
　　スナッチは左右8回ずつ。

ミリタリープレス
　ミリタリープレスはテンションが終始かかるため、スイングよりも強度の高い種目です。適切な回数は扱う重さとの兼ね合いもありますが、次のような指針、基準を設けています。

　　1セットあたり10秒前後に抑える。
　　高重量を扱う場合、6秒で収まる回数にする。
　　最大重量の80%で1セットあたり最大3回
　　最大重量の60%で1セットあたり5回

ゲットアップ
　高重量のゲットアップでは、一動作ずつ静止し、左右各1回ずつ行うパターンがよいでしょう。同じ側で連続して複数回行う必要はありません。

ATP/CP 系後に好気的解糖系を行う

　休憩代わりに好気的解糖系の運動を取り入れてみましょう。体の回復手段として使うことができます。ATP/CP 系の後に好気的解糖系を行うことで、ATP/CP で失われた ATP やグリコーゲンの補給と、溜まった乳酸の処理の促進をすることで、筋肉の回復を図ることができます。

　好気的解糖系が働くのは有酸素運動です。これには、歩き回る、シャドーボクシング、手足を振る、ストレッチするなど、ゆっくりとしたペースでの軽い運動も含まれます。もちろん、軽いケトルベルを使ったスイングでもよいでしょう。

　好気的解糖系の運動をすればエネルギー源と酸素を循環させることができ、脂肪燃焼もされます。

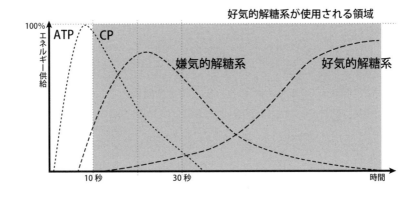

　ATP/CP 系のトレーニングから好気的解糖系のトレーニングに移行するタイミングを計るには、心拍数がよい指標になります。心拍数と乳酸閾値には強い関連性があるからです。

　血液中の乳酸の処理が間に合わなくなれば、呼吸数を増やして二酸化炭素を排出しつつ、好気的解糖系に酸素を供給しなければならなくなります。速く血液を身体に循環させるために、心拍数も上がります。

　トレーニング中に自分の心拍数を測り、どの程度の心拍数で強い疲労感を感じるかを把握することで、トレーニングメニューの構築に役立ていること

は、アスリートの間で広く行われている方法です。

　フィリップ・マフェトン博士が提唱する、マラソンなどの持久系スポーツのトレーニング理論「マフェトン・メソッド」では、心拍数を180bpmから年齢を差し引いた数値以内に抑えるよう推奨しています。

　心拍数が計測できない場合は、トーク・テストを行います。息切れ等で会話がままならない状態のうちに次のセットを始めず、会話ができるまで落ち着いてから次のセットを開始するのです。

2 持久力トレーニングのメニュー

スイングの「オン・ザ・ミニット」

　1セットを1分区切りにして、決められた回数をこなした後の残り時間を休憩に当てるトレーニング方法を、SFG認定コースでは「オン・ザ・ミニット」と呼びます。

　たとえば、1セット10回のスイングを行う場合、スイング10回が20秒で終了したら、残り40秒を休憩に当てます。

　この時の休憩は、心拍数を下げすぎないようにするのがポイントです。身体をほぐす、軽く走る、シャドーボクシングなど、アクティブに休憩します。

　この「オン・ザ・ミニット」は、持久力をつけるトレーニングとして有効です。この方法を使ったスイングのトレーニング法を紹介します。

運動強度のボリューム

　スイングは、初動で最大出力が出た後、継続的なテンションがあまり使われない、瞬発力系の種目です。つまり、ATP/CP系のエネルギーシステムが主導であって、そのまま長時間行うと嫌気的解糖系が働き出してしまいます。

　嫌気的解糖系が働き過ぎないように、1セットあたりの回数を最大40秒の時間に収まるようにするとよいでしょう。ツーアーム・スイングなら20回、ワンアーム・スイングなら左右10回ずつを目安に、使う重量を選んでください。

　1分以内に左右5回ずつから開始し、週毎に1回ずつ増やしていきます。最終的に左右10回ずつを5セットできると、その重量を達成したことになります。

例：　　ワンアームスイング左右5回ずつ　　　　20秒実施40秒休憩
　　　　ワンアームスイング左右10回ずつ　　　36秒実施24秒休憩

266

メニュー例1

ワンアーム・スイングのオン・ザ・ミニットの例（括弧内は、分：秒）

第1セット （00：00 〜 00：59）	左右5回ずつスイング、 残り時間でアクティブに休憩
第2セット （01：00 〜 01：59）	左右5回ずつスイング、 残り時間でアクティブに休憩
第3セット （02：00 〜 02：59）	左右5回ずつスイング、 残り時間でアクティブに休憩
第4セット （03：00 〜 03：59）	左右5回ずつスイング、 残り時間でアクティブに休憩
第5セット （04：00 〜 end）	左右5回ずつスイングを行った後に終了

【回数】×【セット数】×【重量】の係数を「ボリューム」と呼ぶこととする。

ボリュームを増やすには……

　余裕がある場合には、たとえば次のようにボリュームを増やすことができます。
・左右6回ずつのスイングのセットを取り入れる。
・全セット左右6回ずつ行う。
・2、3セット目だけ、回数を5回にしたまま重量を上げる。

ボリュームを減らすには……

　負荷が高すぎる場合には、たとえば次のようにボリュームを軽減することができます。
・左右4回ずつのセットを取り入れる。
・回数をそのまま、セット数を減らす。
・1セットを1分30秒毎に行う（休憩時間が長くなる）。
・軽いケトルベルを使うセットを取り入れる。

　負荷が軽すぎて余裕がある場合は、「1セットあたりの回数」「セット数」「重量」のいずれかの要素を増やすことで、トレーニングのボリュームが増加します。

　負荷が高すぎる場合はその反対で、「1セットあたりの回数」「セット数」「重量」のいずれかの要素を減らして、トレーニングのボリュームを調整してください。

長期的な「オン・ザ・ミニット」

　持久力をつけるトレーニングとしては、長期計画を立てて続けることが大切になります。このとき、上昇志向の高い人であれば、徐々にボリュームを上げていきたいと考えることでしょう（メニュー例2）。

　しかし、直線的な右肩上がりのトレーニング・メニューを計画すると、私の経験上、高い確率で失敗します。

　なぜならば、高負荷のトレーニングを行った後は疲労が溜まり、次のトレーニング日にさらに負荷を高めようとしても、思うような力が発揮できないものだからです。

　この状態で計画通りに進めようと無理に押し通すと、苦痛を伴うことになります。悪くすると、股関節や骨盤周辺など、身体のどこかを痛めてしまうことが多いのです。

　しかも、このような場合、筋力も持久力も向上していないことすらあるのです。苦痛によって潜在意識が力を抑制するようになってしまうからです。

　苦痛はどのようなベテランであっても、モチベーションをスポイルするものです。計画遂行のために苦痛を感じながらトレーニングを続けても、良いことはあまりないように思えます。

　そこで、長期的な計画を立てる場合、直線的な右肩上がりではなく、波を描きながら上昇するようにすることを推奨します。

　たとえば、週2日スイングを5週間行うなら、偶数日（2、4、6、8、10）は、前の奇数日のボリュームの70〜80％に落とすのです。そして、次の奇数日に前の奇数日よりも高いボリュームにもっていきます。

　これを繰り返すと、ボリュームのグラフは波状に右肩上がりを描きます。谷間になっている偶数日は、筋肉の回復を謀るとともに、クォリティの向上にも意識を向けます。本書の各種目で解説した内容を参考に、正しいフォームや力の伝わり方、グルーヴを確認してください。

　自然界に直線が存在しないように、トレーニングも直線的な成長などありえないのです。

　270ページに例を挙げておきます（メニュー例3）。参考にしてください。

直線的な右肩上がりのトレーニング・メニューの例

スイングのオン・ザ・ミニット（週1回×5週間、ケトルベル24kg）

	種目、回数、時間	セット数	ボリューム（左右合計）
第1週	スイング左右6回を1分以内	×5	1440
第2週	スイング左右7回を1分以内	×5	1680
第3週	スイング左右8回を1分以内	×5	1920
第4週	スイング左右9回を1分以内	×5	2160
第5週	スイング左右10回を1分以内	×5	2400

※【回数】×【セット数】×【重量】の係数を「ボリューム」と呼ぶこととする。

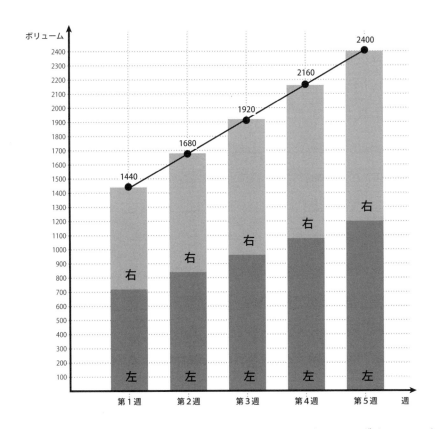

波状の右肩上がりのトレーニング・メニューの例

スイングのオン・ザ・ミニット（週2回×5週間、ケトルベル24kg）

	種目、回数、時間	セット数	ボリューム（左右合計）	
第1日	スイング左右6回を1分以内	×5セット		1440
第2日	スイング左右5回を1分以内	×2セット	480	1344
	スイング左右6回を1分以内	×3セット	864	
第3日	スイング左右7回を1分以内	×5セット		1680
第4日	スイング左右7回を1分以内	×3セット	1008	1488
	スイング左右6回を1分以内	×1セット	288	
	スイング左右4回を1分以内	×1セット	192	
第5日	スイング左右8回を1分以内	×5セット		1920
第6日	スイング左右8回を1分以内	×2セット	768	1680
	スイング左右7回を1分以内	×1セット	336	
	スイング左右6回を1分以内	×2セット	576	
第7日	スイング左右9回を1分以内	×5セット		2160
第8日	スイング左右9回を1分以内	×2セット	864	1920
	スイング左右8回を1分以内	×1セット	384	
	スイング左右7回を1分以内	×2セット	672	
第9日	スイング左右9回を1分以内	×3セット	1296	2064
	スイング左右8回を1分以内	×2セット	768	
第10日	スイング左右10回を1分以内	×5セット		2400

※【回数】×【セット数】×【重量】の係数を「ボリューム」と呼ぶこととする。

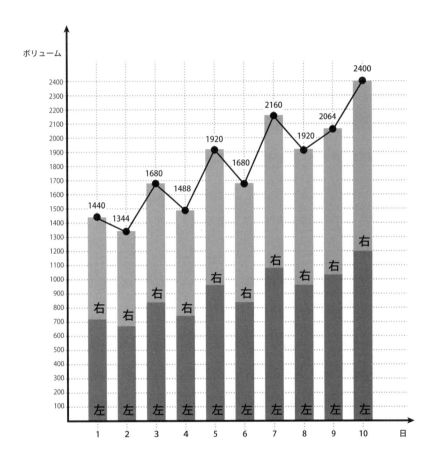

スナッチの「オン・ザ・ミニット」

　ケトルベルのインストラクター認定コースには、5分間スナッチを100回行うテストがあります。242ページでも紹介したように、このスナッチ・テストのルールは、男性で20kgもしくは24kgのケトルベル、女性で12kgもしくは16kgのケトルベルで、フォームの基準に達したスナッチを100回行うというものです。

　このテストの運動量と強度は、通常であれば嫌気的解糖系が使われるレベルでしょう。しかし、スナッチ・テストのクリアには、ATP/CP系と好気的解糖系を駆使したいのです。

　そこで、スナッチでも「オン・ザ・ミニット」を応用した持久力をつけるトレーニング・メニューを行ってみましょう。スイング同様に1セットは1分区切りで、その時間内に決められた回数を行い、残り時間を休憩に当てます。

　左右でケトルベルを持つ手をスイッチする際は、1度前へワンアーム・スイングを行ってケトルベルが浮遊したところでもう一方の手で掴み、それまで持っていた手を離してください。持ち替えた腕でケトルベルをそのまま振り下ろし、スナッチを継続します。

　「オン・ザ・ミニット」を私自身は行ったことがありませんが、最近のケトルベル・インストラクター認定コースでも活用されているものです。

スナッチの「オン・ザ・ミニット」の例

　1セットあたり左右5回ずつを1分刻みで行う場合を例にして説明しましょう。まずスナッチを右手で連続5回行い、続けて左手で連続5回行います。これを24秒で完了したら、残り36秒が休憩になります。呼吸と心拍数を整えるために、ストレッチや足踏みなどの軽い運動をしながら、アクティブに休憩を取ります。休憩を終えたら、次のセットを始めます。以降、この繰り返しです（275ページ、メニュー例4参照）。

　練習で使う重量はテスト本番と同じです。体力に余裕がある場合は1段階重いケトルベルを使うのもよいでしょう。軽量なケトルベルで練習して、テスト本番で苦労した例があるので、基本的にはスナッチテストで使うケトルベルより軽い物は推奨しません。

5分で100回を目指す長期計画の例

　1週間毎に1セット（1分以内）に行う回数を徐々に増やしていくことで、スナッチ・テストを照準にいれたトレーニング・メニューもつくれます。週に2回のトレーニング日を設ける前提とした例を挙げてみましょう。

　第1週では、左右5回ずつを5セットなので、合計50回です。以降、1週ごとにセットあたりの回数を1回ずつ増やしていくと、第6週には左右10ずつを5セットとなり、合計100回に到達します（メニュー例5）。

　当然ながら、週を経るにつれて、スナッチを決められた回数を終えるために要する時間は増え、反対に休憩時間は減っていきます。第6週になると、左右10回のスナッチを終えた後の休憩は10秒前後になるので、ケトルベルを床に置く間もなく次のセット開始となります。

　ただ、これは理論上のメニューですので、30秒以内に決められた回数に達しないセットも出てくるなど、実際にはどこかで停滞を感じる人もいるはずです。その場合、2週間続けて同じ回数を行うのもよいでしょう。きれいな直線的な右肩上がりを目指さなくてもよいので、自身のペースで進めてください。

　また、246ページで説明したように、高重量のケトルベルでの低回数のスナッチを平行して補助種目として取り入れ、瞬発力の向上を図ることもよい方法です。高重量の扱いと、瞬発力をつけた後、軽いケトルベルでの高回数へ挑むというステップを踏むのです。

　瞬発力が弱く1回のスナッチに長い時間をかけると、嫌気的解糖系のエネルギーシステムが働きだしやすくなります。乳酸が溜まりやすいので、運動能力の低下につながり、また乳酸を処理するために心拍数が上がり、呼吸も速くなります。

　すると、腹腔圧が維持できなくなり、フォームも崩れていきます。崩れたフォームは身体に悪い上に、スナッチ・テストでは失格です。

　がむしゃらに回数をこなすのではなく、できるだけ息切れすることなく、完璧なフォームでスナッチを継続することを目指してください。

スナッチの「オン・ザ・ミニット」

1セット左右5回を1分刻みで行う場合（括弧内は、分：秒）

第1セット （00：00 〜 00：59）	右5回左5回スナッチ、 残り時間でアクティブに休憩
第2セット （01：00 〜 01：59）	右5回左5回スナッチ、 残り時間でアクティブに休憩
第3セット （02：00 〜 02：59）	右5回左5回スナッチ、 残り時間でアクティブに休憩
第4セット （03：00 〜 03：59）	右5回左5回スナッチ、 残り時間でアクティブに休憩
第5セット （04：00 〜　end　）	右5回左5回スナッチ、 残り時間でアクティブに休憩

スナッチ・テスト（5分で100回）に向けたトレーニング・メニュー

第1週	スナッチ右5回を30秒以内、 左5回を30秒以内	×5セット	週2日
第2週	スナッチ右6回を30秒以内、 左6回を30秒以内	×5セット	週2日
第3週	スナッチ右7回を30秒以内、 左7回を30秒以内	×5セット	週2日
第4週	スナッチ右8回を30秒以内、 左8回を30秒以内	×5セット	週2日
第5週	スナッチ右9回を30秒以内、 左9回を30秒以内	×5セット	週2日
第6週	スナッチ右10回を30秒以内、 左10回を30秒以内	×5セット	週2日

　先に「トレーニングの長期計画を立てる際は波状に右肩上がりにする」という説明をしましたが、ここでは直線右肩上がりのメニューを例として紹介しています。
　これは、スナッチは心拍数の上昇が激しく、回数のカウントミスやギブアップすることが想定されるためです。すると、事前に直線右肩上がりのメニューを計画しても、結果的に波状右肩上がりになるのです。

3 パワー・トレーニングのメニュー

　高重量のバーベルを使うパワーリフティングなどでは、短期・中期・長期を通したトレーニング・プログラムが、明確に計画されます。

　それぞれ、【ミクロ・サイクル（1週間）】、【メソ・サイクル（3～4週間）】、【マクロ・サイクル（年間）】、と呼びます。

　この計画には、1週間あたりのトレーニング回数、行う種目の回数やセット数などが、きっちり決められています。

　これは、トレーニング結果を見越した計画ではなく、オーバートレーニングを避け、怪我のリスクを下げるために必要なメニュー管理です。

　こうしたプログラムの立て方を、ケトルベルでも応用してみましょう。ただ、ケトルベルの負荷はバーベルよりも関節や筋肉に優しいものなので、メニューにも少し融通を効かせてもよいだろうと考えています。

　トレーニング・メニューをつくる際に大切なポイントを3つ述べたあと、具体例を紹介します。

波状のサイクルを作る

　先述しましたが、トレーニングの計画を立てようとする際に陥りがちなのが、目標に向けてまっすぐに右肩上がりにボリューム（回数 × セット数 × 重量）を増やしていこうとしてしまうことです。

　また、同じ種目を、同じ重さで、同じ回数だけ行うような平坦なトレーニングでは、身体に与える刺激が少なく、様々な運動単位を体験できないので、成長が望めません。

　長期的な計画を立てるときは、波を描いた右肩上がりになるようにすることを推奨します。直線的な右肩上がりの目標を立て、それをクリアするために苦痛を感じてしまうのでは、健全に強くはなれません。

クォリティを求める日を作る

トレーニングのクォリティを高めることも重要です。

ボリュームの波の谷間の日（低回数、低セット数の日）に、本書の各種目の解説を参考に、正しいフォームや呼吸をとくに意識して行い、トレーニングのクォリティを高めるとよいでしょう。

あるいは、同じメニューを2週間続けて行う場合には、2週目はクォリティの改善を目標にするという方針でもよいでしょう。

クォリティの高い動作ができたときには、スピードやパワー出力に著しい違いが出ることが、デバイスによる測定で確認されています。

もちろん、測定デバイスで数値を測定せずとも、クォリティの高い動作ができたときの感覚はわかるはずです。私が最大出力を算出したスイングやミリタリープレスの感触は、次の通りです。

- **高重量にもかかわらず、力を出した感触がない。**
- **下半身動力が主導になっている。**
- **タイミングが合っている。**
- **呼吸が合っている。**

集中度の強弱を付ける

「集中度」はボリュームと並んで重要な要素です。同じボリュームの運動量でも、より短い時間で行えば、「集中度が高い」といえます。集中度を高める最も簡単な方法は、セット間の休憩時間を短くすることです。

公式なものではありませんが、ボリューム（重量×回数×セット数）をトレーニングにかかった時間で割ることで、「集中度」を係数として表現できます。

【集中度 ＝ ボリューム÷（終了時刻 － 開始時刻）】

たとえば、同じボリュームのトレーニングを2週続けて行う場合、第2週の集中度を高めることで、サイクルに変化をつけることができます。

ミクロ・サイクルとメソ・サイクルの例

週３日、ツーアーム・スイングを行うプログラムを想定してみます。

ミクロ・サイクル（１週間）で、低・中・高回数を組み合わせながら、少しずつ回数を増やしていきます。すると、メソ・サイクル（４週間）でも、波線を描きながら全体的に上昇傾向になります。

なお、この例ではメソ・サイクルを４週間としていますが、同じミクロ・サイクルを２度繰り返すことで、８週間程度まで引き伸ばすこともできます。その場合は、繰り返しの週はクォリティを高めることを意識します。

第１週（第１ミクロ・サイクル）

	セット	1	2	3	4	5	6	7	8	1日の合計
月曜日	40kg	7回	9回	7回	9回	7回	9回			48回
水曜日	40kg	7回	9回	7回	9回					32回
金曜日	40kg	7回	9回	7回	9回	7回	9回	7回	9回	64回

週の合計 144回

第２週（第２ミクロ・サイクル）

	セット	1	2	3	4	5	6	7	8	1日の合計
月曜日	40kg	8回	9回	8回	9回	8回	9回			51回
水曜日	40kg	8回	9回	8回	9回					34回
金曜日	40kg	8回	9回	8回	9回	8回	9回	8回	9回	68回

週の合計 153回

第３週（第３ミクロ・サイクル）

	セット	1	2	3	4	5	6	7	8	1日の合計
月曜日	40kg	8回	10回	8回	10回	8回	10回			54回
水曜日	40kg	8回	10回	8回	10回					36回
金曜日	40kg	8回	10回	8回	10回	8回	10回	8回	10回	72回

週の合計 162回

第４週（第４ミクロ・サイクル）

	セット	1	2	3	4	5	6	7	8	1日の合計
月曜日	40kg	9回	10回	9回	10回	9回	10回			57回
水曜日	40kg	9回	10回	9回	10回					38回
金曜日	40kg	9回	10回	9回	10回	9回	10回	9回	10回	76回

週の合計 171回

メソ・サイクル

同じメソ・サイクルを2度繰り返すことも可能です。ただ2度目のメソ・サイクルでは「集中度」を高めることが必要です。

　たとえば、1回目のメソ・サイクルは、クォリティ重視でトレーニングをする。2回目のメソ・サイクルは、セット間の休憩時間を短くした、集中度の高いトレーニングをする、というパターンです。別の見方をするなら、第2メソ・サイクルに集中度の高いトレーニングをするために、第1メソ・サイクルで練習するという捉え方もできます。

　前述した下の公式（非公式）で係数を割り出し、集中度の変化を数値で表現すると、次のような表になります。

集中度　＝　ボリューム÷（終了時間 － 開始時間）

第1メソ・サイクルの第1週目

	重量	1日の合計	所要時間	計算式	集中度
月曜日	40kg	48 回	45 分	40kg× 48 回 /45 分	42.66
水曜日	40kg	32 回	40 分	40kg× 32 回 /40 分	32
金曜日	40kg	64 回	55 分	40kg× 64 回 /55 分	46.54

第2メソ・サイクルの第1週目

	重量	1日の合計	所要時間	計算式	集中度
月曜日	40kg	48 回	37 分	40kg× 48 回 /37 分	51.89
水曜日	40kg	32 回	32 分	40kg× 32 回 /32 分	40
金曜日	40kg	64 回	45 分	40kg× 64 回 /45 分	56.88

　もし、このような計算が面倒な場合は、開始時間と終了時間をあらかじめ決めておき、第2メソ・サイクルは第1メソ・サイクルより短い時間で行っていることを確認しておくとよいでしょう。

　ミリタリープレスやスクワットなどのグラインダー（無反動）種目でも、同様に波状のミクロ・サイクルとメソ・サイクルで、メニューを設定することをお勧めします。

マクロ・サイクルとLDTE

　マクロ・サイクルは、年間を通じたトレーニング・メニューです。試合や大会を含んだ数ヵ月あるいは1年単位のサイクルです。

　マクロ・サイクルの計画を立てるには、長期的遅延性トレーニング効果（LDTE：Long-term Delayed Training Effect）の概念が役立ちます。

　LDTEの概念を簡単に説明すると、高負荷トレーニングを数ヵ月継続し、それを止めた後にどのくらいの期間で筋力増強や持久力向上の効果が出るのかを見通すというものです。試合や大会に向けたトレーニング・メニューを立てる際に役立つ概念です。

　メル・シフ氏によると、トレーニング期間とピークを迎えるまでの期間は、ほぼ1：1の比率とになるのだそうです。

　たとえば、同氏の『Supertraining』で紹介されているLDTEのグラフを見ると、約2ヵ月間高負荷トレーニングを行った場合、止めた後の2ヵ月後にパワーのピークを迎えるとされています。

　つまり、シーズンスポーツや大会のスケジュール前のトレーニングには、1：1の境目がいつなのかが重要になります。

　5ヵ月後に初動力がピークに達してほしいなら、高負荷トレーニングを2ヵ月半行って止める、あるいは以降のトレーニングを最小限にとどめます。

　私自身、ケトルベルのインストラクター認定コースでのミリタリープレスのテストで、不合格になったことがあります（この場合、追試として数週間後にミリタリープレスを撮影し、そのビデオを担当インストラクターへ送って、審査をしてもらうことになります）。

　テスト本番で不合格になったのは、ピークを見誤ったことに原因があったように思います。LDTEの考え方をするならば、1ヵ月前に高負荷から低負荷にトレーニングを切り替えるべきでした。しかし、切り替える勇気がなかったため、ピークと本番のテスト日程が合致させられなかったのです。

　皆さんの大会や試合と、高負荷トレーニングのスケジュールはどうなっていますか？

LDTE のグラフ（メル・シフ『**Supertraining**』より）

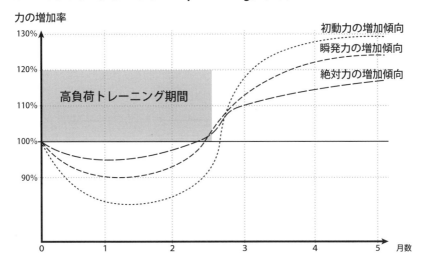

※グラフにある「絶対力」とは、筋肉が出力可能な最大限の力です。
　「初動力」は、初期段階で出力する筋力で、関節等の身体駆動前段階の筋肉収縮です。

4 生活に合わせる意識改善

生活とトレーニングは切り離せない

　長期のトレーニング・プログラムを、種目と重量、回数、セット数まで細かく決めて、それに忠実に従う。それはどこまで可能なのでしょうか。

　トレーニングを中心に据えた生活を送れる環境にあるのは、トレーニングが生業の一部になっているプロアスリートやそれに近い立場にある、ごく僅かな人です。

　もちろん、そのような人であっても、常に100%のトレーニングを行えるわけではありません。社会の中で人と関わって生きている以上、何かしらの"割り込み"はつきものだからです。

　たとえば、電話がかかってきて中断する、緊急のメールへの返信に時間を取られるなど、些細な"割り込み"であっても影響はあるでしょう。

　また、社会生活には人間関係も重要な要素で、親しい人に頼み事をされたり、どこかに誘われたりすれば、無碍には断れないものです。ましてや、誰かと口論するなどトラブルがあれば、気持ちはそこに引きずられて、トレーニングどころではない心理状態になることだってあるでしょう。

　もちろん、仕事で緊急の対応が求められたり、予定が変わったりすれば、時間と体力をそこに割かねばならなくなります。どんなに細かく決めたトレーニング・プログラムも、私たちが社会の中で生きていく以上、それと切り離した形で完璧な遂行は非常に難しいものであるといえます。

　こうした実情を考えると、長期的なトレーニング・プログラムで成果を上げるために重要なのは、頑なにプログラムに忠実に従うことではなく、生活の中で無理なく行える工夫であったり、柔軟に対応できる意識の持ちようであるように思えます。

　この節では、長期的なプログラムに臨む際に必要な意識改善について述べていきます。

OODA ループ

意思決定の思考パターン

　ビジネスや政治の世界でよく用いられる、意思決定のプロセスに「OODA ループ」という理論があります。OODA とは、Observe（観る）、Orient（適応）、Decide（決断）、Act（実行）の頭文字です。

　これは、元アメリカ空軍パイロットで後に戦闘機開発の原論を提唱し、一部では“孫子以来の戦略家”ともいわれるジョン・ボイド大佐（1927 〜 1997）が考案した思考サイクルのモデルで、元は朝鮮戦争における空中戦がきっかけで作られたそうです。

　この理論では、人は意思決定において、「観た（見て感じた）状況に適応し、決断して実行に移す。そして、その結果を観る」というサイクルを繰り返すと説明されています（図A）。

　これは潜在意識でも行われている人間の根本的な思考パターンですが、これを明確に意識化することで、意思決定をより早く、より効率的に行うことにつなげようというものです。

図A

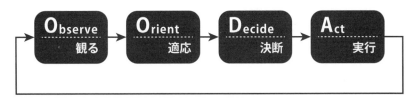

OODA サイクルでキーとなるのが、「適応（Orient）」です。

下図Bの要素を判断材料にして、観て得られた情報に意味付けをするのが「適応(Orient)」です。本書ではわかりやすいようにOODAループをトレーニングに結び付けて考えてみます。

図B

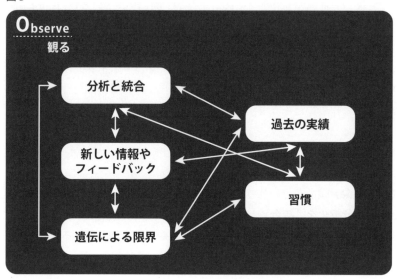

トレーニングの OODA ループ

次のようなミリタリープレスのメニューを例に、OODA ループに従ってどのように意思決定がされるのか、シミュレーションしてみましょう。

ミリタリープレス	第１セット	２回	
	第２セット	３回	
	第３セット	５回	これを３巡行う

観る（Observe）

「２巡目の第２セットの３回を終了後に、肩に軽いテンションを感じるようになった」

適応（Orient）

　「観る」で認識した問題に対して、情報を分析し、適応方法を模索していきます。このメニューの場合、次の第3セット目の5回が可能かどうかの分析をします。

	判断材料		分析結果
分析	「遺伝による限界」があるか？	→	いや、そんなことはない
	「習慣」として、 5回は経験したことのある回数か？	→	いや、これまで何度も行っている
	「新しい情報やフィードバック」は？	→	特になし
	「過去の実績」に解決策はあったか？	→	テンションを緩めることで解決されたことがある

決断（Decide）

　上記の「分析」を「統合」した結果、

「次のセットを行う前に、肩を緩める柔軟ストレッチを取り入れる」

という意思決定がされた。

実行（Act）

「肩を緩める柔軟ストレッチを実行する」

観る（Observe）

「ストレッチによって肩のテンションは解消されたかを観る」

　実行した結果をフィードバックし、再び観て、分析・統合し、次のセット（5回のミリタリープレス）へ進むか否かの決断をするための判断材料にします。

　このメニューの場合、ストレッチ後にテンションが解消されていれば、ミリタリープレス5回の実行へ移る判断材料になり、ストレッチ後にもテンションが残るようであれば、回数を減らす判断材料になります。

判断材料の収集力が判断の違いになる

先ほどのミリタリープレスのメニューで例にした、「2巡目第3セットの5回」を実行するか否かの判断は、誰もが同じ決断に至るわけではありません。

まず、各人の経験値や知識などが、「過去の実績」として判断材料に含まれてくるためです。たとえば、肩のテンションに対する解決法を知らなければ、「肩のストレッチをする」という決断には至らないでしょう。

また、自分の身体の変化は重要な判断材料になりますが、自分で気づく必要があります。たとえば、「疲労が溜まっている」ということを認識できなければ、回数を減らすという決断に至らないこともあるでしょう。

間違った決断に至った場合、膝の反動を使うような悪いフォームや、脊柱依存の無理な身体の使い方で突破しようとするなど、不必要な負荷をかけてしまうことも多いのです。

ただ、自分の身体の変化は、多くの場合において明確には意識されず、"違和感"や"消極的な気持ち"として感じられます。そして、その違和感が解消されたときに"積極的な気持ち"や"快感"として意識に上ることがあります。この感覚を「直感」といってもよいでしょう。つまり、直感が得られるように自分の身体への意識を高め、直感を得たときにそれが何を知らせているのかをわかろうとする習慣も、大切であると思われます。

トレーニングにも柔軟な適応を

OODAループの理論から学びたいのは、移り変わっていく状況を正しく認識し、目指す方向性を維持したまま、柔軟に適応していくという考え方です。

これはトレーニング・メニューでも同じです。トレーニングを通じて目指しているのは、健全に強くなることであって、あらかじめ決めたトレーニング・メニューに執着することではないのです。

こうした考え方は、1人ひとりの実情に合わせたトレーニング・メニューの在り方への大きなヒントになると思います。

参考までに、ある日のミリタリープレスの実施中に私の頭の中で行われたOODAループを書き出したものを右ページに掲載します。時間と労力の消耗となりますから、トレーニング中に実際にこれを書き出す必要はありません。

ミリタリープレスのセットを終了後

1	観る	左肩が硬い
2	適応	左肩を緩める
3	決断	アームバーやウィンドミルで緩める
4	実行	12kgで左右1回ずつアームバーとウィンドミル

↓　（フィードバック1）

1	観る	肩がほぐれた
2	適応	ウィンドミルで腰もほぐれた
3	決断	ミリタリープレスを再開する
4	実行	36kgを3回

↓　（フィードバック2）

1	観る	ラックポジションの感触が良い
2	適応	もう少しやってみるか？
3	決断	もう1セット行う
4	実行	36kg 3回を2セット

↓　（フィードバック3）

1	観る	次のセットの前に腰をほぐしたい
2	適応	下半身のストレッチを取り入れよう
3	決断	脚上げストレッチを導入
4	実行	脚上げストレッチを左右1分ずつ

↓　（フィードバック4）

1	観る	調子がいい
2	適応	ミリタリープレスを40kgに増やすか？
3	決断	左肩に違和感があるのでベントプレスを軽いもので
4	実行	重量なしでベントプレスを行う

※動作中は自分のフォームやグルーヴに集中してください。
　動作の途中で次のセットのことを考えるなど、意識を自分の身体から逸らしてしまうと、
　身体の変化を感じられないばかりか、怪我をする恐れが増します。

GTG（Grease the Groove）

日常にトレーニングを組み込む

先に述べたように、生活とトレーニングは切り離せないものです。ならば、生活の中にトレーニングを取り込んでしまうという考え方もできます。

そこで、GTG（Grease the Groove）という手法を紹介します。

「Grease the Groove」は、パベル・ツァツーリン氏の著書で、旧ソ連で行われていたトレーニング手法として紹介されています。直訳すると「グルーヴ（感触）を磨く」あるいは「隙間を埋める」という意味ですが、本書では頭文字をとってGTGと呼ぶことにします。

仕事の合間や休憩時間にコーヒーを飲む西側諸国に対し、共産時代のソ連では休憩時間にトレーニングを取り入れていました。GTGの考え方は、これに尽きます。時間が空いた時にトレーニングを1セット行うことで、結果的に1日を通して数セット行ったことになるのです。

休憩時間ごとでなくても、日常的に繰り返し行うことを利用してもよいでしょう。たとえば、 私は自宅に懸垂台を置いていたのですが、位置的に電話やFAXを使うのに懸垂台をくぐらなければなりませんでした。そこで、懸垂台をくぐるたびに、懸垂を1セット行うルールを決めました。

すると、電話とFAXを使うことが多かった当時は、日に何度も懸垂することになりました。そうした生活を送っていたところ、半年で24kgの荷重懸垂を達成することができました。

まとまった時間が毎日とれなくても、合計すれば高回数をこなすことができる。そして、長時間のトレーニングではないので、疲労が溜まりにくい。これがGTGの利点です。

GTGで高重量のミリタリープレスを目指す

高重量のミリタリープレスを達成するためにも、GTGの手法を取り入れるのがベストだと考えています。

たとえば、時計の目覚まし機能にランダムに幾つかの時間を設定して、「アラームが鳴った時に1セット行う」とルールに決めることもできます。

重量と回数の基準

　1セットあたりの回数や、使用する重量は、テクニック重視で挙げられる重量と回数を基準にします。あるいは、トレーニング日に挙げられなかったメニューがあるなら、その時の重量、回数から一段階下げて設定します。

　疲労が抜けないなど身体に違和感がある場合は、回数や重量を減らすか、疲労から回復するまで待ちましょう。または、ミリタリープレスの補助種目（次ページ参照）や、ドリル（158ページ参照）、肩のストレッチ（176ページ参照）などを取り入れましょう。

セット数の基準

　1日中実施できる状況であれば、活動時間内に6〜15セット程度できるように、ランダムに時間を設定します。そして、1日のメニューの中の所々に、ミリタリープレスの補助種目（次ページ参照）を取り入れ、身体に加わる刺激に変化を与えます。

　日中に仕事で外出し、トレーニングができない人であれば、出勤前と帰宅後を中心にしたGTGをします。出勤前の1時間に10〜20分おきに1セットずつ、帰宅後1、2時間の間に10〜20分おきに1セットずつ行うとよいでしょう。これで1日に6〜12セット程度の実施が可能です。勤務の休憩時間等に、逆立ち腕立て伏せや腕立て伏せなどの補助種目を取り入れると、さらに効果を増します。

　1日のうちの様々なタイミングでテクニック重視の動きを繰り返し、合間に補助種目を取り入れる。このことで、動員される運動単位を増やして、少しずつ筋力を高めていくのがポイントです。疲労を伴わず、テクニック重視でできるこの方法で目標を達成した人は、数多くいます。

GTGの継続期間について

　GTGの期間継続については、私の体験では1〜2メソ・サイクル分、つまり最大2ヵ月程度で区切ることをお勧めします。これは種目数が少なく、使われる運動単位（神経と筋肉）が限定的になるため、病気や怪我をしたことでせっかく鍛えた運動単位がリセットされる可能性があるからです。

　そのため、GTGを1〜2メソ・サイクルした後に、筋肉増量を目的とし

たトレーニングへ切り替えることをお勧めします。

　つまり、筋肉量と神経の両方で高出力ができる体作りが望ましいと、私は考えているのです。

　GTG も、量や負荷が右肩上がりになるように決めてしまうと、繰り返すうちに次第に苦しくなり、トレーニングそのものが苦行になります。量や負荷に波状サイクルを適用することも可能ですが、メソ・サイクル単位でトレーニング方法を変更することでも、同様の効果が期待できるのではないかと思います。

例：ミリタリープレスを GTG で１メソ・サイクル（１ヵ月）の後、
　　ラダー法（『ケトルベル マニュアル』参照）を２メソ・サイクル行う。

ミリタリープレスの補助種目

　高重量のミリタリープレスを目指して行い、GTG のトレーニングメニューの中に入れる補助種目の例を紹介します。

●ボトムアップ・シリーズ（182 ページ参照）
●腕立て伏せ
●逆立ち腕立て伏せ（肩の可動域等を調整できる）
●ダブル・ミリタリープレス（148 ページ参照）
●バーベル・ミリタリープレス
●スタック・プレス（下記参照）
●鎖をつけたミリタリープレス（292 ページ参照）

スタック・プレス

　24kgのケトルベルを挙げる場合、これを 24kg １つではなく、たとえば 16 kgと８kgのケトルベルを重ねてラックポジションに収めて、ミリタリープレスを行うのです。これをスタック・プレスといいます。

　同じ重さでもバランス感覚が異なるため、「通常とは異なる違和感」という未体験の刺激によって新しい運動単位が動員されることを狙います。

スタック・プレス

ハンドルを
束ねて持つ

落下に備えて
パートナーが待機

ラックポジション

両手で持ち上げる

鎖をつけたミリタリープレス

　紐をケトルベルのハンドルに結び付け、反対側の端を重さ2kgほどの鎖に結びつけます。ケトルベルと鎖を結ぶ紐の長さは60〜120センチで、体格によって調整してください。

　両手でケトルベルを持ってラックポジションへ収納し、そこからミリタリープレスを行います。

　すると、ケトルベルが上昇するにつれて、床から浮く鎖の長さが増えていきますから、荷重が次第に高まります。

　スティッキング・ポイントから肘を伸ばし切ったロックアウトまでの負荷を高めることができ、これも未体験の刺激によって新しい運動単位を動員するためのトレーニング方法となります。

　なお、クリーンでケトルベルをラックポジションに収納しようとすると、鎖が勢い余って身体にぶつかって怪我をする恐れがあります。必ず両手で持ち挙げて、ラックポジションをとってください。

　また、鎖をケトルベルに直接結びつけても、鎖が身体にぶつかって怪我をする恐れがあります。必ずケトルベルと鎖を結ぶ紐を使うようにしてください。

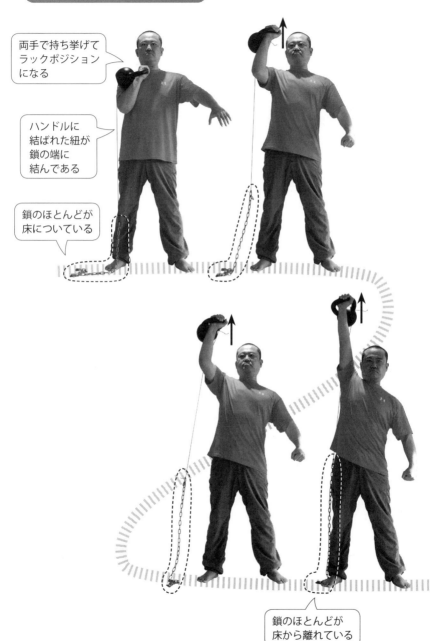

鎖をつけたミリタリープレス

両手で持ち挙げて
ラックポジション
になる

ハンドルに
結ばれた紐が
鎖の端に
結んである

鎖のほとんどが
床についている

鎖のほとんどが
床から離れている

生命維持のためのホルモンの働き

　健全に強くなるためには、食事も欠かせない要素の1つです。

　どんなにトレーニングしても、食事の仕方が間違っていると、トレーニングが身にならないばかりか、逆効果になることすらあります。

　食事法については、ダイエット法も含めて様々な方法が出回っているので、何を選んでよいかわからない人も多いことでしょう。

　しかし、食事法とは突き詰めれば、「生命維持のためのホルモンの働き」であることに行き着きます。

　ホルモンの働きは、すでに説明したエネルギーシステムのような代謝機能とともに、生化学の分野で研究されていますが、苦手な人にとってはまるでブラックボックスのように感じられるのではないでしょうか。

　本書は生化学や食事法を専門に扱うものではないので、詳細な解説は避けて、ホルモンとトレーニング、食事の関係についての理解を深めるための予備知識として、次の5つのホルモンの働きに絞って簡単な解説をします。

・インスリン　　・グルカゴン
・アドレナリン　・コルチゾール
・レプチン

　栄養バランスなど詳しい食事法については、専門書に当たっていただければと思います。

エネルギーとホルモンバランス

平時の血糖値の調整【インスリンとグルカゴン】

　インスリンは、このパートの冒頭の節で説明した「エネルギーシステム」に深く関係するホルモンです。解糖系でエネルギー源として使用される糖を、筋肉の細胞に吸収されるように促す働きを持ちます。

　流れを追って説明しましょう。

　私たちが食事を摂ると、腸で吸収された糖が血液中に流れ込み、血糖値が上がります。

　すると、すい臓のβ細胞からインスリンが分泌され、血液中の糖をグリコーゲンとして筋肉や肝臓に貯蔵するように促します。余った糖は、中性脂肪として脂肪細胞に蓄えられます。こうしたインスリンの働きで、上がっていた血糖値は正常な値に戻ります。

　食後3〜4時間程度経つと、インスリンの分泌が止まります。

　次の食事までの間に血糖値が下がりすぎると、すい臓のα細胞から分泌されるグルカゴンというホルモンの働きによって、肝臓に蓄えらえたグリコーゲンが血液中に放出され、血糖値を正常な値にまで上げます。

　このように、通常はインスリンとグルカゴンの2つのホルモンの働きによって、血糖値が調整されているのです。

緊急時の血糖値の上昇【アドレナリンとコルチゾール】

　グルカゴンと同じく血糖値を上げるホルモンに、アドレナリンとコルチゾールがあります。いずれも、もともとはサバイバルに必要なホルモンです。

　アドレナリンは、緊急性の高い闘争や逃走（Fight or Flight）の場面で分泌されるホルモンで、そうした場面ですぐに必要とされる機能を促進して、必要とされない機能を低下させます。

　促進される機能の1つが運動機能で、筋肉のエネルギー源である糖をすぐに使えるように準備するために、肝臓に蓄えた糖を放出するように促し、血糖値を上げるのです。他にも、心拍数や血流量の増加なども起きます。

　一方で、消化機能や排泄機能は抑制されて、アドレナリンの分泌後、しばらくの間は食欲が低下し、興奮が収まらずに睡眠を妨げます。

コルチゾールは、過度なストレスを受けると分泌されるホルモンです。飢餓状態などで基礎代謝を賄うエネルギーが不足したときに分泌されて、血糖を上げるように肝臓に働きかけるほか、筋肉を分解して脂肪酸を作って活動や生命維持のためのエネルギーを賄おうとします。

コルチゾールは、トレーニング量が多く、回復が間に合わない時にも分泌されます。コルチゾールで必要な糖分を補うことができない場合には、緊急的にアドレナリンをさらに分泌させて血糖値を上昇させます。

アドレナリンやコルチゾールによる血糖値の上昇は短期的なもので、筋肉で使われずに余った血液中の糖はインスリンの働きによって、再び肝臓や脂肪細胞に蓄積されます。

食欲を制御する【レプチン】

もう1つ、トレーニングに関わるホルモンとして、1994年に発見されたレプチンも紹介しておきます。

食事から吸収された糖のうち、筋肉や肝臓に取り込まれなかった分が脂肪として蓄えられることは、先ほど述べた通りです。このときのインスリンの刺激によって、脂肪細胞からレプチンが分泌されます。

レプチンが脳の視床下部の満腹中枢に届くと、食欲が抑えられます。

また、レプチンには、筋肉に糖が吸収されることを促進し、交感神経を活性化するなど、エネルギーの消費を促す働きもあるとされています。

こうした働きから、レプチンは食べ過ぎと肥満を防ぐホルモンとして注目されているのです。

ただ、レプチンが満腹中枢に届くまでには若干の時間がかかるといわれていて、早食いをすると満腹感が感じられる前に食べ過ぎてしまいやすくなります。よく噛んで、ゆっくり食事をすると、食べ過ぎを防げます。

また、レプチンがもたらす満腹感を無視して過剰に食事を摂ると、行き場を失った糖がどんどん脂肪として蓄えられていきます。

さらに暴飲暴食や乱れた食生活を続けていると、満腹中枢のレプチンに対する反応が鈍くなっていきます。簡単には満腹感を得られなくなってしまうのです。これが肥満の原因の1つと考えられているのです。

トレーニングと食事のタイミング

　以上のホルモンの作用を踏まえた上で、トレーニングと食事のタイミングに関するポイントを挙げます。

トレーニングは食後3時間以降

　食後3～4時間までは、インスリンの分泌によって血糖値が下がっていく時間帯です。低血糖での運動は、筋肉中のグリコーゲンのみに依存することになり、トレーニングには適していません。

　低血糖状態での運動は疲労を感じやすくなり、身体は糖の補給を強く求めます。トレーニング後にお菓子やスポーツドリンクなど、甘い物が欲しくなるのです。

　この状態の身体はインスリンへの反応が高まっているので、ここで必要以上に糖を補給すると、疲労の回復どころか脂肪の蓄積にまでインスリンの効果が及んでしまいます。

　インスリンの分泌が止まるのは、食後3～4時間程度です。インスリンの分泌が止まった状態は、糖が筋肉に十分に蓄えられた状態であり、また血糖値が下がりすぎないようにするグルカゴンの働きによって、血液中の糖も適度にある状態です。

　こうした理由から、とくに持久力を鍛えるトレーニングや、脂肪燃焼を目的としたトレーニングを行うには、食後3時間以上経過してからが最善と考えられます。昼食を12時に摂ったとすれば、トレーニングは3時以降がよいでしょう。

間食を摂るとインスリン分泌も続く

　食後3時間以内に間食を入れると、インスリン分泌の期間が長引き、脂肪細胞への貯蓄が続きます。すると、トレーニングの開始に最適な時間も先送りになります。

　こうした原則は試合や大会前の調整にも当てはまり、試合や大会の直前におにぎりやお菓子をむやみに頬張ると、本番がインスリン分泌のタイミングとぶつかりかねません。試合や大会前の飲食は計画的に行うことが重要です。

間食は、インスリンの分泌に拍車をかける行為です。年齢によっては、習慣的な間食が様々な病気や体重増加につながることがあるので、トレーニングだけでなく、健康面でも注意が必要です。

　たとえ、脂肪燃焼やダイエット目的のトレーニングをしていても、インスリンの分泌が促進される行動を繰り返していれば、かえって脂肪が身体に蓄積される結果になります。

　『スーパートレーニング』の著者メル・シフ博士が、インスリンを「反エクササイズ・ホルモン」と呼ぶゆえんです。

回復が間に合わないトレーニングや食事量にしない

　突発的に食事を抜く、あるいは基礎代謝をはるかに下回る食事量にすると、身体はストレスを感じて、コルチゾールを分泌します。

　コルチゾールは危機的状況において基礎代謝のためのエネルギーをまかなうために、脂肪だけでなく、筋肉までも分解してしまいます。エネルギー消費の多い筋肉を維持することよりも、生命の維持を優先するからです。

　絶食系のダイエットに失敗する理由がここにあります。飢餓状態で筋肉量が低下したために、基礎代謝も低下して、ダイエット後に摂った食事はどんどん脂肪として蓄えられます。つまり、リバウンドの起因になるのです。食事を抜くことで太ることもあるということです。

　トレーニング量が多く、回復が間に合わない時にも、身体はストレスを感じ、コルチゾールを分泌して、エネルギーを調達しようとします。

　さらに食事が足りない場合、基礎代謝の維持を優先して、回復は後回しです。トレーニングで破壊された筋繊維も回復しにくくなり、超回復も起きづらくなります。これは、トレーニングの成果が出ないパターンです。

　もし食事の量を減らすのであれば、最低限1週間刻みで、少しずつ減らしていくことをお勧めします。身体が基礎代謝に必要とするエネルギー量を認識するペースは、一説によると6.5日ごとなのだそうです。6.5日の間に吸収した量を元に飢餓状態の是非を判定するようです。この辺りについては議論の余地もあるかもしれませんが、脂肪燃焼に数週間単位の時間や計画を要することに間違いはありません。

　つまり、ストレスホルモンを分泌させない範囲で、食事量を減らしていく

ことが大切なのです。

　たとえば、いつも満腹まで食べているなら、腹八分目を１週間続けて、その量で問題が出なければ、その量で十分であると身体が認識し、満腹感を感じるようになると思われます。さらに食事量を減らす必要があれば、次の週は、腹八分目だった量のさらに腹八分目（最初の腹一杯の量の六分四厘目）の食事を１週間続けます。

　もちろん基礎代謝を下回るまで食事量を落としてはいけませんし、トレーニングをするなら、回復が見込めないほど少ない食事ではいけません。肥満症の改善など、余分な脂肪を落としたいときには、「満腹感」に素直に従う食生活をしましょう。

満腹感に従順になること

　祝い事や同窓会、親族の集まりなどで、時折、食事摂取過多になることがありますが、それらは特例として頻度の高い飽食には注意が必要です。

　レプチンによる満腹中枢への刺激を無視して食べ続けることを習慣化すると、レプチンへの反応は鈍くなっていきます。しだいに満腹感が感じられなくなり、食欲にまかせて食べ続けてしまうようになります。

　飽食を続けていると、細胞のインスリンへの反応も鈍くなっていきます。糖が細胞に取り込まれにくくなっていくのです。

　すると、血糖値は長時間、高いままになります。これが長期間続くと、様々な内臓の機能が低下していきます。すい臓の機能が低下すると、インスリンを分泌する力も衰えていきます。インスリンが出にくくなれば、食べても満腹感を感じにくくなり、もっと食べたくなります。

　こうした悪循環に陥ると、肥満と糖尿病に近づいていくのです。

　常に満腹感に従順な生活を送っていれば、その人の基礎代謝レベルの食事を摂ることができ、健全な体重と生活を送ることができるはずです。

　本書の中で、トレーニング中の自分の感覚へ意識を向け、皮膚の下で起きていることへの理解を深めることを推奨してきました。それは食についても同じです。食欲という感覚にも目を向けて、食事によって自分の皮膚の下で何が行われているのかを知ろうとすることは、生涯にわたって健全に強くなること目指すために重要なことです。

食事とトレーニングの基本ルール

　トレーニングと食事を完璧にすることは、社会性をもって生活している人には難しいことです。ホルモンバランスなどを考慮した食事とトレーニングの基本ルールを紹介しますので、参考にしてくだい。

● 1日3食を食べる。

● 食間を3時間以上空ける。

● 食後4時間以内に間食をしない。飲料もゼロカロリーに抑える。

● トレーニングは、血液中の糖濃度が最も適している食後3時間以上経過したタイミングで行うのが望ましい。

● 食後すぐのトレーニングは、インスリンの分泌による低血糖のタイミングと合致し、糖分を活用できないトレーニングになる。コルチゾールやアドレナリン等ストレス系ホルモンの駆使でトレーニングを乗り切ることも可能ながら、決して健全ではない。

● 食後すぐの試合や標高の高い所での運動は低血糖による弊害が大きい。コルチゾールやアドレナリンで挑む試合は、適切な血糖値で挑む相手に負ける。また、標高2500メートルでの低血糖は高山病になりやすい(筆者体験)。タイミングや品質をあらかじめ考慮した食事が望ましい。

● 満腹感を無視せず、満腹時点で食事を終わらせる。用意した食事を平らげる習慣を改める方が望ましい。残飯がゴミ箱へ破棄されるのがもったいないと心苦しく思うのであれば、用意する食事の量を考慮する。

● 絶食はコルチゾールやアドレナリンなど、生存に関与するホルモン分泌を促進する。

● 食事量を減らすには6.5日単位もしくは1週間単位で少しずつ減らしていく。昨今出回っているダイエットプログラムの多くが、2ヵ月単位で結果を保証しているのは1週間単位で基礎代謝を管理することからきている。3日で10kg減！と謳うダイエットプログラムにはご注意を。

トレーニングとエネルギーシステムの基本ルール

　本章で勧めているのは、トレーニングの効果を向上させるだけでなく、健康的にトレーニングを長く持続することです。そのためのポイントを最後にまとめます。

- 嫌気的解糖系のエネルギーシステムを最小限にして、体の酸化を防止する。
- ATP/CP エネルギーシステムでトレーニングし、好気的解糖系の運動で体を回復させる。
- スイングやスナッチにはオン・ザ・ミニットを活用する。
- ミクロ・サイクル、メソ・サイクル、マクロ・サイクル単位でトレーニングを計画する。
- 波状サイクルによって集中度やボリュームに波を作る。
- トレーニングが計画に沿わない場合は、OODA ループ（観る、適応、決断、実行）の思考パターンを使って、その場の健康状態や疲労に合わせてトレーニングを調整していく。
- 1 日を通して数セットのトレーニングを行う GTG は、筋力向上に効果が実証されている。
- 食事については栄養士等の専門家の領域であるが、ホルモン分泌のタイミングに合わせて食事し、またトレーニング時間を決めることで、生活とトレーニングの質を向上させることができる。

おわりに

　44kgのケトルベル・ミリタリープレスをどう攻略するか、という課題に向き合った時期が長くありました。やっとその課題を乗り越えたら、今度は左右差が課題になりました。そうやってケトルベルから新しい課題が突きつけられるたびに、私は他分野も含めた学習と試行錯誤、トレーニングを行ってきました。そうしたここ10年の経験が、本書の元になりました。

　そのため、本書はケトルベルといかに向き合うのか、いかに身体とマインドセットを整えるかの説明に、多くの紙数を割くことになりました。

　新しい種目が多数登場することを期待されていた方には、ご期待に応えられるものではなかったかもしれません。実はケトルベルを長年体験するにつれて、種目数は増えるよりも減っていく傾向にあります。その中でも私が個人的に取り入れているものと、個人指導やクラス、セミナーで実践しているものを、本書では取り上げています。

　点と点が結びついてないように思われる部分もあるかもしれませんが、それらは皆さん自身の経験と「運動感覚の思考」で結び付けてください。本書の内容が、皆さんが課題を乗り越える一助になれば幸いです。

　撮影にご協力いただいた、石川淳史さん、齋藤数馬さん、松下知美さん。ありがとうございました。

　「ハードルは飛んでいる時が休憩」は石川淳史さんから頂戴した言葉です。

　本書で紹介したドリルやキューイングの大半は、定期ケトルベルクラスや不定期セミナーでご参加された皆さんに実施していただいて成果を確認したものです。ご参加いただいた皆様、ありがとうございました。

　前著『ケトルベル マニュアル』に引き続き、今回も日貿出版社の下村敦夫さんとあかつき身体文学舎の近藤友暁さんとの連携で刊行に至りました。図や表現強化については、とくに近藤さんのご助力を多くいただきました。

　本書の刊行にご助力をいただいたすべての皆様に感謝を申し上げます。

2021年　松下タイケイ

参考文献

『Anatomy Trains: Myofascial Meridians for Manual and Movement Therapists』Thomas W. Myers

『SUPERTRAINING』Mel C. Siff

『カラー版カパンジー機能解剖学 全 3 巻 原著第 6 版 I 上肢 II 下肢 III 脊椎・体幹・頭部』

A.I.Kapandji（著）塩田 悦仁（翻訳）

『Anatomy of the Voice: An Illustrated Guide for Singers, Vocal Coaches, and Speech Therapists』

Theodore Dimon, G. David Brown

『The Body in Motion: Its Evolution and Design』Theodore Dimon Jr. Ed.D., G. David Brown

『Neurodynamics: The Art of Mindfulness in Action』Theodore Dimon Jr., G. David Brown

『ANATOMY OF Breathing』Blandine Calais-Germain

『Periodization: Theory and Methodology of Training』Tudor O.Bompa

『The Leptin Diet: How Fit Is Your Fat?』Byron J. Richards

『Mastering Leptin: Your Guide to Permanent Weight Loss and Optimum Health』

Byron J. Richards, Mary Guignon Richards

『ヤンダアプローチ―マッスルインバランスに対する評価と治療』Phil Page

『The Performance Cortex: How Neuroscience Is Redefining Athletic Genius』Zach Schonbrun

『Power to the People Professional: How to Add 100s of Pounds to Your Squat, Bench, and Deadlift with Advanced Russian Techniques』Pavel Tsatsouline

『Power: A Scientific Approach』Frederick Hatfield

『The Dinosaur Military Press and Shoulder Power Course』Brooks D. Kubik

『筋・骨メカニクス：リハビリ、スポーツのための機能解剖学』山口典孝・左明 著

『Science, Strategy and War: The Strategic Theory of John Boyd (Strategy and History)』

Frans P.B. Oshinga

使用器具・機材

ケトルベル：Dragon Door RKC Kettlebell　　http://www.dragondoor.com/

パワー測定デバイス

The PUSH Band 2.0　　https://www.trainwithpush.com/

2段式スイング原案

Mark Reifkind　　http://giryastrength.com/girya_about_mark_reifkind.html

松下タイケイ（Taikei Matsushita）

本名：松下大圭　1969年8月30日福島県生まれ（里帰り出産）。
　幼少期から高校時代までを日本国内と海外を往復しながら送る。アメリカの高校と日本の大学でアメリカンフットボールをし、後に社会人クラブチームで8年ほど指導をする。クラヴマガ（イスラエル軍式護身術）茶帯。
　プログラマー、システム・エンジニアの職に就いていたが、過去の怪我等に起因する身体の歪みを覚え、改善法を模索する中、2004年にケトルベルに出合い、独自にケトルベル・トレーニングを開始する。2006年に公認ケトルベル・インストラクターについてケトルベルを習得し、2007年6月、RKC（Russian Kettlebell Challenge）ケトルベル・インストラクター資格を取得し、日本人で初の公認ケトルベル・インストラクターになる。以来、アメリカ、ハンガリー、韓国のインストラクター・コースへ受講生やアシスタントとして参加するなど、海外を飛び回る。
　2013年、認定インストラクターのパベル・ツァツーリンが新たにSFG（Strong First Girya）を設立したことに伴って移籍し、SFGレベル2インストラクター資格の認定を受ける。自身の指導実績としては、これまで50回以上のワークショップを行い、クラスや個人指導で数百人に教えている。また、海外（ベトナム）へも指導に赴いている。
　現在、ケトルベ＆ストレングス・ジャパンを主宰。東京を拠点に、定期クラスやワークショップ、個人指導を行っている。

公式 Web site：http://www.kettlebell.jp/wp/
ブログ：https://ameblo.jp/kettlebelljp/
動画：https://www.youtube.com/user/kettlebellinjapan
ツイッター：@taikei3tech

いっぽさき からだ
一歩先の体になる

ケトルベル アドバンス

●定価はカバーに表示してあります

2021年2月28日　初版発行

著　者　松下タイケイ（まつした）
発行者　川内 長成
発行所　株式会社日貿出版社
東京都文京区本郷 5-2-2　〒 113-0033
電話　（03）5805-3303（代表）
FAX　（03）5805-3307
振替　00180-3-18495

編集協力　近藤友暁
モデル協力　石川淳史、齋藤数馬、松下知美
印刷　株式会社シナノ パブリッシング プレス
© 2021 by Taikei Matsushita ／ Printed in Japan
落丁・乱丁本はお取り替え致します

ISBN978-4-8170-6036-5　　　http://www.nichibou.co.jp/